Deutschland im Zeitenwandel

Christoph Elfeldt

Christoph Elfeldt

Deutschland im Zeitenwandel

Politische Betrachtungen eines „kleinen Mannes“

DeBehr

Herausgeber: Verlag DeBehr, Radeberg

Erstauflage: 2010

ISBN: 9783939241034

Inhaltsverzeichnis

Vorwort

Am 23. Mai 2009 wird die Bundesrepublik Deutschland 60 Jahre alt und die Deutsche Demokratische Republik wäre ihr am 7. Oktober desselben Jahres gefolgt. Heute, im Januar 2008, ist es noch keine 20 Jahre her, dass die Vereinigung beider deutschen Staaten durch den Mauerfall in Berlin eingeleitet wurde. Was zusammengehören soll, wächst nicht ganz so schnell, wie es manche vielleicht erhoffen.

In der DDR wurde jahrelang das Gegenteil propagiert und den Bundesdeutschen war es sehr oft ziemlich egal, was in der, wie viele es nannten, „Ostzone" passiert. Allerdings begann dieser Prozess schleichend und verstärkte sich im Laufe der Jahrzehnte. Zum Ersten lag es an der Dauer der Trennung und zum Zweiten am steigenden Wohlstand. Als der Arbeiteraufstand 1953 in der DDR durch Sowjetpanzer niedergewalzt wurde, war die Anteilnahme im Westen größer als am 13. August 1961, jenem Tag des Berliner Mauerbaus.

In diesem Buch geht es in erster Linie nicht um Begegnungen hochrangiger Art, obwohl sie indirekt oder direkt in jene reinspielen, die sozusagen auf unterer Ebene stattfinden. Die Begebenheiten, unter denen deutsch-deutsche Zusammenkünfte stattfanden und stattfinden, haben „kleine Leute" in keiner Zeit erschaffen können. Aber wir sind es, die damit leben müssen.

Ahnungslosigkeit wird ein Thema sein. Egal, ob es um Stadtteile in Berlin geht oder die Frage, ob in der DDR Russisch oder doch Deutsch gesprochen wurde. Selbstverständlich kommt die Arbeit nicht zu kurz und ebenso wenig die Kultur. Hier sollen unter anderem musikalische Themen interessieren.

Die berühmte Frage, ob denn jeder Dreck, der aus dem Westen kommt, kopiert werden muss, stellte sich 1965 und 24 Jahre später wurden erneut Fakten geschaffen, allerdings in einem anderen Zusammenhang. Diese waren in vielen Fällen positiv, aber eine große Menge lief auch aus dem Ruder. Beidem wird natürlich auf den

Grund gegangen. Die Ereignisse der Wendezeit wirken sich in wirtschaftlichen und sozialen Bereichen bis in die heutige Zeit aus.
Auch die Fantasie soll nicht zu kurz kommen. Wie könnte die Zukunft aussehen und wird es in einigen Jahren schon normal sein, dass Begriffe wie Ossi und Wessi kaum noch gebraucht werden? Irgendwann sollte verstanden werden, dass es vier statt zwei Himmelsrichtungen auf der Erde gibt.
Wie werden wir später leben und welche Gefahren gilt es nicht zu übersehen? Wird der Sozialstaat in der globalen Welt noch eine Chance haben oder nicht? Wie sieht die Arbeitswelt von morgen aus? Hier wird der demografische Wandel interessieren. Wie sieht es mit Rente und Grundsicherung aus?
Es gibt noch eine ganze Fülle an Themen, die hier zur Sprache kommen werden. Auch wenn es meistens um ernsthafte Fragen geht, darf ein kleiner Schuss Ironie nicht fehlen. Das ist sozusagen das Salz in der Suppe, um auf den Geschmack zu kommen.

Aufgeteilt

Als im Mai 1945 der Krieg endlich seine heiße Phase überwunden hatte, lag das Land überall in Trümmern. Die Menschen hatten nichts zu essen und die vier Siegermächte teilten Deutschland in vier Besatzungszonen auf. Die Sowjets erhielten das Gebiet der späteren DDR und die Briten, Franzosen und Amerikaner teilten sich das Land, auf dem in wenigen Jahren die BRD entstehen sollte. Trotz eines Schlagers, der die Eingeborenen von Trizonesien besang, setzte sich der Begriff niemals durch, im Gegensatz dazu die Begriffe Zone, Ostzone und Sowjetzone, die sich bei manchen bis heute halten.
Was im deutschen Lande im Großen passierte, geschah in Berlin im Kleinen. Die vier Sieger hatten jetzt das Sagen und teilten die Stadt sozusagen in ungleiche Kuchenstücke auf. Den größten Batzen be-

kamen die Russen für sich allein. Briten, Franzosen und Amerikaner sicherten sich die westliche Stadthälfte. Ihre Sektoren waren für sich genommen zwar alle kleiner als der russische, zusammengenommen bildeten sie jedoch den größeren Teil und so kam es, dass sich eine kapitalistische Insel im „sozialistischen Meer“ bilden konnte.
In den folgenden Jahren und insbesondere nach 1949 lernten die Schüler im Westen, dass es für Westberlin einen Sonderstatus gäbe und die 22 Abgeordneten im Bundestag nichts zu melden hätten. Sie hatten in der Tat kein Stimmrecht, obwohl sie ein Bundesland vertraten. Jenseits der Elbe hörten die Schüler etwas anderes. Berlin-West sei kein Bestandteil der BRD und dürfe auch nicht von ihr regiert werden. So sei es im Potsdamer Abkommen von 1945 geregelt und so hätten es die Siegermächte beschlossen.
Am 20. Juni 1948 kam die Währungsreform in den drei Westzonen, in der sowjetischen kam sie einen Tag später. Auch bei den Staatsgründungen war der Westen schneller. Nachdem es klar war, dass nicht Frankfurt am Main, sondern Bonn die provisorische Hauptstadt werden sollte, gründete sich am 23. Mai 1949 der westdeutsche Staat. Am 7. Oktober desselben Jahres folgte das ostdeutsche Pendant. Der konnte nun, weil an zweiter Stelle stehend, immer betonen, dass der Westen die Teilung Deutschlands vorantrieb. Zur ganzen Wahrheit gehört, dass beide Staaten die Teilung mit zu verantworten haben.
Im Wiederaufbau hinkte die DDR der Bundesrepublik hinterher. Der Grund dafür war die Demontage der Industrieanlagen. So gesehen ist die Aufbauleistung der Menschen dort höher zu bewerten als die im Westen, denn auch einen Marshallplan gab es in der DDR nicht. Allerdings bewirkte der das Wirtschaftswunder in der Bundesrepublik nicht in dem Maß, wie viele meinen, denn die weltwirtschaftliche Lage war gut. Die Durchführung des Plans hatte weniger humane als vielmehr ökonomische Gründe. Es ging hauptsächlich um die Erschließung neuer Märkte. Für diesen Zweck war die damals am Boden liegende Wirtschaft neu aufgebaut worden.

Bereits 1950 wurde die DDR Mitglied im Rat für gegenseitige Wirtschaftshilfe (RGW oder auch COMECON), dem wirtschaftlichen Zusammenschluss des Ostblocks. 1955 wurde aus der im Jahr 1948 gegründeten Kasernierten Volkspolizei (KVP) die Nationale Volksarmee (NVA). Im selben Jahr trat die DDR dem Warschauer Pakt bei. In der Bundesrepublik Deutschland kam es ebenfalls 1955 zur Gründung der Bundeswehr und 1957 trat das Land der Europäischen Wirtschaftsgemeinschaft (EWG) bei. Die Teilung wurde nochmals zementiert, als 1973 beide Länder den Vereinten Nationen, der UNO, beitraten.

Trotzdem sahen viele, die damals jugendlich waren, die Lage anders. Zu verdenken ist es ihnen nicht, denn sie wurden damit groß, dass es auf der einen Seite das kapitalistische und auf der anderen das sozialistische System gab. Sie kannten es nicht anders und sie wussten, dass es in beiden Ländern kaum etwas gab, das übereinstimmte. Egal, ob Bildung, Wirtschaft, Kultur - ja selbst die Sprache war zuweilen verschieden.

Die Grenze zwischen den beiden deutschen Staaten war absolut problembeladen. Sie wurde zu einer unüberwindlichen Hürde mit Minen und Stacheldraht aufgebaut, wobei Letzter sogar aus dem Westen gekommen sein soll. Wenn es Geld brachte...?

Vonseiten der DDR wurde sie offiziell als „Staatsgrenze West“ oder „Friedensgrenze“ tituliert. In der Bundesrepublik gab es andere Namen, wobei der Begriff „innerdeutsche Grenze“ noch die neutralste war. Gängig waren die Bezeichnungen Demarkationslinie und Zonengrenze. Sehr gravierend war, dass der DDR zu viele Menschen wegliefen, die als Fachkräfte der Wirtschaft fehlten. Diese jedoch dauerhaft einzusperren konnte nicht die Lösung sein.

Eine Journalistin der „Frankfurter Rundschau“ fragte im Juni 1961 in einer Pressekonferenz den DDR-Staatslenker Walther Ulbricht, ob die DDR eine Mauer um Berlin plane. Ulbricht antwortete: „Soweit mir bekannt ist, sind die Werktätigen der Hauptstadt damit beschäftigt, Wohnungen zu bauen. Niemand hat die Absicht, eine Mauer zu

errichten." Eine glatte Lüge, denn die Pläne für den Mauerbau lagen längst in den Schubladen. Nur wenige Wochen nach dieser Konferenz wurde am Sonntag, dem 13. August 1961, der „antifaschistische Schutzwall" errichtet. Die letzte Lücke war geschlossen.
Für die DDR-Wirtschaft war die Mauer trotz allem menschlichen Leids ein Glücksfall, denn es ging bergauf. Der Arbeiter- und Bauernstaat erlebte eine Art Wirtschaftswunder, wenn auch nicht so stark wie beim ungeliebten Nachbarn.
„Wir werden Westdeutschland, das ist so sicher wie das Amen in der Kirche, überholen!" Der Mann, der das ausrief, kam gebürtig aus dem Südwesten des Landes, welches er überrunden wollte. Er war gebürtiger Saarländer, ein gelernter Dachdecker. Er hieß Erich Honecker.

Begegnungen

Den Postverkehr gab es von Anfang an und der ging in beide Richtungen über die Grenze. Allerdings war es im Osten ratsam, nicht alles zu schreiben, was einem in den Sinn kam, sondern „die Schere im Kopf" einzusetzen.
Um Ärger mit den staatlichen Organen der DDR zu vermeiden, war es besser, entweder politisch korrekt zu schreiben oder es auszusparen, denn es wurden viele Briefe kontrolliert. Es gab aber die Möglichkeit, Texte so zu verfassen, dass der Sinn erst zwischen den Zeilen ersichtlich wurde. Gänzlich ungefährlich war das natürlich nicht, denn die Kontrolleure waren nicht dumm. Auch westliche Schreiber taten gut daran, Kritik am Sozialismus nicht zu arg zu treiben, wenn der Brief auch beim Empfänger ankommen sollte.
In Päckchen und Pakete, die von West nach Ost gingen, durften manche Dinge nicht hinein. Printmedien waren tabu, sofern sie nicht von kommunistischen Organisationen kamen. Kaffee und Schokola-

de füllten so manches Westpaket und waren bei den Empfängern sehr beliebt. Perlonstrümpfe waren in der DDR nicht gerade günstig zu bekommen, in der alten Bundesrepublik aber schon. Manchmal traten sie die Reise ins Ursprungsland an, was die Verpackenden oft nicht wussten.

Von Ost nach West durften u.a. Textlilien, Lebensmittel sowie optische Geräte nicht verschickt werden. Schallplatten, Bücher oder Kunstgewerbe und Zigaretten durften problemlos im Ostpaket landen.

Trotz erschwerter Bedingungen sich zu begegnen, gab es immer Wege, miteinander Kontakt zu halten, privat und auch politisch. Das Zweite wurde der bundesdeutschen Jugend vonseiten der DDR-Regierung leicht gemacht, das „Deutschlandtreffen der Jugend für Frieden und Völkerfreundschaft" fand bereits 1950 statt.

Die Freie Deutsche Jugend (FDJ) gab es als staatliche Jugendorganisation in der DDR, in der BRD war sie noch erlaubt. Diese beiden Verbände organisierten das damalige Ereignis, an dem 30.000 Jugendliche aus dem Westen teilnahmen. Das nächste bekanntere Deutschlandtreffen fand 1964 statt und bereits 1951 gab es die ersten „Weltfestspiele der Jugend und Studenten." 1973 kamen diese Spiele zum zweiten Mal in die DDR. Natürlich waren solche Zusammenkünfte ganz offensichtlich von der SED gelenkt.

In Berlin trat am 17. Dezember 1963 das Passierscheinabkommen in Kraft und erlaubte vom 19.12.1963 bis zum 5. 1. 1964 den Westberlinern, für einen Tag Verwandte in Berlin, Hauptstadt der DDR, zu besuchen. Ab demselben Jahr durften DDR-Rentner in den Westen reisen. Bis zum Jahr 1966 kam es noch zu drei weiteren Passierscheinabkommen. Erst 1971 wurde es möglich, durch das Viermächteabkommen dauerhafte Besuchsregelungen zu finden, was vieles leichter machte.

1964 führte die DDR den Mindestumtausch ein. Es kostete also Knete, um von Westberlin oder der Bundesrepublik aus die Verwandten im Osten zu besuchen. Der Betrag wurde im Laufe seiner Geschichte bis zur Abschaffung 1989 mal erhöht, dann wieder gesenkt. Kinder und Rentner waren von der Zahlung mal über einige Jahre befreit, dann wieder nicht. Die DDR brauchte Devisen. Diese kamen ausgerechnet vom „Klassenfeind." Die harte D-Mark wurde sehr gern gesehen, Geld stinkt ja bekannterweise nicht.

Im Gegensatz zu Korea, wo Nord und Süd heute noch durch eine viel konsequentere Grenze geteilt sind, gab es in den beiden deutschen Staaten Möglichkeiten, sich zu begegnen, wenn auch zumeist nur in eine Richtung, was Besuche betraf. Ab den 1980er Jahren durften zuweilen Menschen, die noch nicht im Rentenalter waren, in die Bundesrepublik. Den Bundesbürgern war es sogar ab den 1970er Jahren möglich, in der DDR Urlaub zu machen.

Wer von Westberlin in die Bundesrepublik fahren wollte, musste durch die DDR, ob per Auto oder mit dem Zug. Mit dem Auto ging es durch zwei Grenzkontrollen, zuerst an den Übergangsstellen der Mauer und noch einmal am entsprechenden Übergang nach, wie die Berliner gern sagten, „Wessiland". In den ersten Jahrzehnten wurden die Kontrollen seitens der DDR oft als Schikane gesehen, was erst später abgebaut wurde. Im Zug, dem sogenannten „Interzonenzug", der Westberlin mit dem Bundesgebiet bzw. umgekehrt verband, gab es selbstverständlich ebenso Grenzkontrollen. Fuhr der Zug auf dem ersten DDR-Bahnhof ein, wurden Spürhunde und Spiegel eingesetzt, um Flüchtlinge aufzuspüren, die sich unter den Zug gehängt haben könnten, um das Land zu verlassen.

Vorurteile

Zur Erinnerung: Offiziell hieß das Land Deutsche Demokratische Republik. Es gab freilich auch andere Bezeichnungen, wie „Der doofe Rest" oder „Drei dumme Russen" und andere. Das waren mehr

oder weniger scherzhafte Beschreibungen, die auf beiden Seiten der Elbe bekannt waren.
Richtig war natürlich, dass es weitaus mehr als nur drei Russen in der DDR gab. Diese lebten nicht in Höhlen, sondern in Kasernen. Ebenfalls richtig ist, dass in den DDR-Schulen Russisch gelehrt wurde. Es gab demzufolge das Gerücht, in der DDR würde kein Deutsch mehr gesprochen. Wie sollte man sich also verständigen? Die westdeutschen Volkshochschulen konnten eventuell helfen und Russisch-Kurse anbieten. Zur fremden Sprache kam natürlich noch das Erlernen der kyrillischen Schrift hinzu. Etwas unüberlegt war das schon. Bayern war z.B. von den Amerikanern besetzt. Sprachen die Bayern ab 1945 nur noch Amerikanisch und die Menschen in Baden-Württemberg, das von den Franzosen besetzt war, Französisch? Natürlich nicht. Deutsch war auch weiterhin ihre Sprache, selbst Schwäbisch und Bayrisch ist nicht verboten worden.
Friedrichshafen lag schon immer am Bodensee und für manchen Westberliner war es so klar wie Kloßbrühe, dass Friedrichshain natürlich auch dort zu finden sein musste. Wenn sich Potsdam am Ende wie Amsterdam und Rotterdam gleich schreiben, wird Potsdam wie die anderen Städte auch in den Niederlanden liegen. Und Versailles, das wusste doch im eingemauerten Berlin jedes Kind, ist ein Schloss vor den Toren von Paris. Vor oder in welcher französischen Stadt liegt Sanssouci?
In gar keiner. Dort, wo Berlin-Zehlendorf aufhört, ist Potsdam zu finden, das bis 1989 versteckt hinter dem großen Zaun war. Das dem Namen nach sorglose Schloss Sanssouci liegt eben da und Potsdam liegt, wie jetzt unschwer zu erkennen ist, zwar leider nicht in den Niederlanden, hat aber ein holländisches Viertel mitten in der Stadt. Wo wir gerade dabei sind: Friedrichshain gehört an die schöne Spree in Berlin und nicht zum idyllischen Bodensee. Es hätte aber vom Namen her möglich sein können.
Vom musikalischen Standpunkt gesehen, lebten die Menschen in der DDR selbst noch in den 1970er Jahren in einer anderen Welt.

Außer ihren roten Kampfliedern und der russischen Folklore kannten sie bestimmt nur Marsch- und Volksmusik. Hätte die Jugend in der Zone eine E-Gitarre gesehen, wäre sie aus dem Staunen nicht mehr herausgekommen. Einige befürchteten sogar einen Kulturschock, den die Jugend in der DDR treffen würde, als die Mauer fiel. Junge Leute in der Zone waren jetzt der Pop- und Rockmusik schutzlos ausgeliefert. Wie furchtbar!

Natürlich gab es rote Kampflieder in der DDR. Am 1. Mai, der als „internationaler Kampftag der Arbeiterklasse“ alljährlich gefeiert wurde, und zum „Republikgeburtstag“ am 7. Oktober kamen sie aus der Mottenkiste hervor. Dann zogen Soldaten der NVA an der Partei- und Staatsführung vorbei, immer garniert mit dazu gehörender Marschmusik, live vom Fernsehen und Hörfunk der DDR übertragen. Letztere Musikrichtung gab es zudem noch an jedem Werktag nachmittags auf Radio DDR 1.

Volksmusik gab es natürlich auch, und selbst wenn es kaum jemand glauben mag, Rockmusik war nicht unbekannt, im Gegenteil. Sie wurde auch dort produziert, mehr dazu später.

Hatten die Menschen jenseits des Eisernen Vorhanges denn auch genügend Nahrungsmittel? Als eine Familie aus Rostock kurz nach der Grenzöffnung ihre Verwandten im Ruhrgebiet besuchte, sollte sie sich „einmal richtig satt essen“. Gab es noch Hunger bei den armen Brüdern und Schwestern, die schließlich auch Deutsche waren?

Auch wenn es weniger Südfrüchte gab und Kaffee in der DDR sehr teuer war, die Menschen wurden satt und die Lebensmittelkarten konnten 1958 abgeschafft werden. Übrigens gab es auch westlich der Elbe nicht jeden Tag Hummer und Champagner, was auf die Dauer auch langweilig wäre.

Mancher fuhr nach dem Mauerfall in die DDR und sah sich dann in seinem Urteil bestätigt. Die Städte und Dörfer lagen da im verfallenen Einheitsgrau, dazu Spruchbänder, die an Wänden oder weit über die Straße gespannt waren. Überhaupt die Verkehrswege mit ihren

Schlaglöchern... Dazu kamen die seltsamen Autos, das Gesamtbild hatte den Charme der frühen 1950er Jahre.
Was für ein Kontrast zum Westen! Dort waren die Straßen heil, die Autos schick und die Häuser in Ordnung. Noch jedenfalls war das so. Heutzutage gibt es auch im Westen der Republik löchrige Straßen. Wie im untergegangenen Arbeiter- und Bauernstaat ist es derselbe Grund: fehlendes Geld.
Anstatt das Land neu aufzubauen, bespitzelte bestimmt jeder jeden. Bestimmt waren überall Richtmikrofone versteckt, hinter den Bäumen im Wald und überhaupt an jeder Ecke. Bei solchen Tätigkeiten blieb keine Zeit, die Dörfer und Städte beizeiten neu aufzubauen und deswegen musste der Zoni jetzt lernen, wie das geht mit dem Arbeiten.
So mancher früherer Mitarbeiter, sei es als Offizier oder als inoffizieller Mitarbeiter (IM) der Stasi, dürfte staunen über das, was in heutiger Zeit an Bespitzelung möglich ist. Nein, Richtmikrofone waren nicht in Kornfeldern und hinter Bäumen versteckt. So weit ging es dann doch nicht.
Heute ist Bespitzelung durch Satelliten möglich, ohne dass es zu merken ist. Durch sie sind detaillierte Aufnahmen machbar, die den Zugriff des Staates zu jeder Zeit und Stunde ermöglichen, gerade so, als wäre es reiner Zufall. Was das die Spitzel von damals betrifft, sollten zuerst diejenigen befragt werden, die sich damit auskennen, die es erlebten. Nur sie sind dazu fähig, objektive Urteile abzugeben.
Gearbeitet wurde auch in der DDR und das 45 Minuten länger pro Tag als im Westen. Dass die Produktivität nicht so hoch wie in der Bundesrepublik war, lag an Fehlern in der Planwirtschaft und nicht an den arbeitenden Menschen an der Basis. Mit den Faulen und Fleißigen ist es wie mit sympathischen und unsympathischen Menschen. Unabhängig von der Himmelsrichtung sind sie überall auf der Welt zu finden.
Im Zeichen der Mangelwirtschaft in der DDR wurde aus der Not eine Tugend gemacht.

Vieles, was westlich der Elbe auf dem Müll landete und durch ein neues Teil ersetzt wurde, konnte östlich von ihr noch irgendwie repariert werden.
Auch wenn hier zuerst die Vorurteile der Westdeutschen aufs Korn genommen wurden, es gab sie selbstverständlich auch von der anderen Seite. Westdeutsche wurden allgemein über einen Kamm geschoren und als hochnäsig und besserwisserisch bezeichnet. Sie wollten nur alle Betriebe platt machen und sich auf Kosten der Ostdeutschen eine goldene Nase verdienen. Dass es solche Fälle gab, ist unbestritten. Trotzdem kann es nicht für jeden gelten.
Die Furcht vorm „Iwan" war nicht gerade klein. Geschürt wurde sie in den bundesdeutschen Medien schon in den 1950er Jahren. Die Adenauer-Regierung wollte keine Experimente und lehnte den Sozialismus kategorisch ab. Viele hatten Angst, dass ihr damals noch bescheidener Wohlstand enteignet werden könnte. Leider ist die Debatte über den „bösen Iwan" bis 1990 weniger sachlich als emotional geführt worden.

Kalter Krieg im Äther

Die Musik hörte sich oft ähnlich an, aber die Nachrichten verrieten, welche Station eingeschaltet war. Bis 1972 sendete der Deutschlandsender aus Berlin-Oberschöneweide und konnte mit dem Deutschlandfunk, der damals wie heute aus Köln funkt, schon mal verwechselt werden. Das war mit der Umbenennung in Stimme der DDR vorbei.
Als die bundesdeutschen Sender ab den 1970er Jahren fröhlich über mehr Arbeitslose, die in den Statistiken auftauchten, berichteten, hörten sich die Meldungen von drüben völlig anders an. Ständig ging es bei denen nur in eine Richtung: bergauf. Egal, ob es um die einzu-

fahrende Ernte ging oder ob zugunsten des 10. Parteitages die Güterproduktion erhöht und überboten wurde.
Um diese prinzipiell gleichbleibenden Nachrichten republikweit zu verbreiten, standen bis zum Ende der DDR fünf Radioprogramme zur Verfügung: Stimme der DDR, Radio DDR mit zwei Programmen sowie der Berliner Rundfunk und zuletzt das Jugendradio DT 64. Hinzu kamen zwölf Regionalprogramme.
Das erste Programm von Radio DDR war für Informationen und Unterhaltung zuständig und auf dem zweiten Programm waren Bildung und Kultur maßgebend. Der Berliner Rundfunk berichtete über Neues aus der Hauptstadt. Stimme der DDR brachte Informatives und Unterhaltendes für die Menschen im eigenen Land sowie in der Bundesrepublik. Dort war die Hörergemeinde klein und übers ganze Land verteilt. Mit Ausnahme von Stimme der DDR konnten die anderen Stationen nur teilweise empfangen werden, wogegen im ostdeutschen Staat der Westrundfunk mit seiner größeren Programmvielfalt fast überall zu hören war. Wer beim Abhören erwischt wurde, musste in den ersten zwei Jahrzehnten mit empfindlichen Strafen rechnen. Später wurde es nicht gern gesehen, aber geduldet, wenn es nicht öffentlich geschah. Auch das Westfernsehen wurde später toleriert.
In Westberlin, der „kapitalistischen Insel im roten Meer," gab es zwei Radiosender, die im Umkreis von etwa 60 bis 100 Kilometern empfangen werden konnten. Der Nordwestdeutsche Rundfunk (NWDR), aus dem später der Sender Freies Berlin (kurz SFB) wurde, war der eine, der andere der RIAS, was für Rundfunk im amerikanischen Sektor stand.
Den DDR-Machthabern war hauptsächlich der RIAS ein großer Dorn im Auge. Pünktlich um 12 Uhr mittags erklang seit 1950 die Freiheitsglocke des Schöneberger Rathauses mit dem folgenden Freiheitsgelöbnis. Der RIAS hatte niemals einen Hehl daraus gemacht, das originale Meinungsbild der USA zu vertreten. Die SED-Machthaber ärgerte das dermaßen heftig, dass sie die Mittelwellen

des Senders störten, um das Hören wenigstens denen zu vermiesen, die auf UKW nichts mehr empfangen konnten.
Der Deutsche Fernsehfunk aus Berlin-Adlershof war zwar vor dem ersten Programm des Deutschen Fernsehens aus der Bundesrepublik am Start. Doch auch hier zog der Westen am Osten vorbei. Denn das ZDF war schneller als das zweite Programm des Arbeiter- und Bauernstaates und bald kamen die dritten westlichen Programme hinzu.
Jeden Montagabend gab es im ostdeutschen Fernsehen Karl Eduard von Schnitzler mit seiner Sendung „Der schwarze Kanal". In dieser Reihe wurden aus dem westdeutschen Fernsehen Beiträge entnommen und geschickt zusammengeschnitten. Heraus kamen Gruselgeschichten, die zuweilen aber schwer zu durchschauen waren. Selbst wenn manches aus sachlicher Sicht prinzipiell stimmig war, es blieb Propaganda. Besonders pikant ist, dass Schnitzler vom NWDR, für den er in Hamburg tätig war, gefeuert wurde.
Ob Schnitzler, der Überläufer aus dem Westen, diesen Rausschmiss je verwunden hat? Zumindest war dieser Mann kein Wendehals und blieb seiner Gesinnung bis zu seinem Tod treu.
Das Gegenstück war das „ZDF-Magazin“ mit Gerhard Löwenthal. Er sprach lieber von „drüben“. Die drei Buchstaben „DDR“ brachte er nur schwer verächtlich über seine Lippen. Löwenthal war ein erzkonservativer Mann und für Linke fürwahr ein gefundenes, leichtes Fressen.
Objektiver waren die Sendungen „Kontraste“ von der ARD, die es auch noch bis heute gibt und das leider 2001 eingestellte Magazin „Kennzeichen D“ vom ZDF. In beiden Sendungen ging es nicht nur um die Begegnungen der Herrschaften aus Politik und Wirtschaft, sondern ebenso um die Probleme der „kleinen Leute“ aus Ost und West.
„Alltag im Westen“ hieß eine Fernsehsendung des DDR-Fernsehens, die den Bürgern zeigen sollte, wer sich auf der richtigen und wer sich auf der falschen Seite befindet. Gezeigt wurden natürlich die hässlichen Seiten der Bundesrepublik Deutschland, die es zweifelsohne

schon immer gab. Positives im westlichen Alltag der Bundesrepublikaner wurde kaum gesendet.

Die „Aktuelle Kamera“ begann täglich um 19:30 Uhr im Fernsehen der DDR. Wer konnte, sah um 19 Uhr „heute“ im ZDF, dazwischen die „AK“ und danach im Ersten die Tagesschau. In der „Aktuellen Kamera“ wurde vornehmlich über hervorragende Leistungen aus der Wirtschaft berichtet, über die sozialistischen „Bruderstaaten“ im RGW-Bereich. Über steigende Zahlen im Westen wurde genüsslich berichtet, wenn es die Arbeitslosenstatistik oder andere Zahlen betraf, die negativ waren.

Der Deutschlandfunk brachte in den 1970er Jahren „Themen der Zeit“, eine spannende Sendereihe, in der Deutsch-Deutsches auf der Tagesordnung stand.

Die Jugendsendungen in der Bundesrepublik dienten mehr der Zerstreuung und waren nicht sehr politisch. Im ostdeutschen Staat war das anders. Im Hörfunk gab es zwei Sendungen, die ein Magazinformat hatten. Berichtet wurde über alles, was Jugendliche interessant fanden und es ging weit über alltägliche Themen hinaus. Kaum eine Sendung kam ohne kulturelle sowie politische Themen aus. Sehr oft wurden die Lebensbedingungen junger Menschen im Osten und im Westen verglichen, wobei die im eigenen Land stets besser wegkamen.

Natürlich wurde dafür gesorgt, dass das gar nicht anders wurde. Rundfunk und Fernsehen fungierten als Sprachrohr der SED, also der Sozialistischen Einheitspartei Deutschlands. Das ältere der beiden Magazine hieß „Jugendstudio DT 64.“ Der Name hatte seine Wurzeln im Deutschlandtreffen 1964. Mit „Hallo, das Jugendjournal“, das 1972 auf Stimme der DDR seine Laufbahn begann, kam das zweite Jugendmagazin dazu. Es ging 1986 im „Jugendradio DT 64“ auf. Der Sender erlangte Kultstatus. Trotz vieler engagierter Proteste, die nicht nur, aber vor allem in Ostdeutschland 1989 stattfanden, wurde der Sender 1993 von MDR-Sputnik abgelöst. Viele hatten den

Eindruck, dass es dem Nachfolger am notwendig gewordenen Biss fehlte und dieser sich dem neuen System zu sehr anpasste.
Auch im Deutschen Fernsehfunk und dem späteren DDR-Fernsehen gab es Jugendmagazine, angefangen mit „Basar“ in den 1960er Jahren, das 1973 von „rund“ abgelöst wurde, und zwar genau zu den Weltfestspielen der Jugend. Es folgte „Elf 99“, abgeleitet von der Postleitzahl von Berlin-Adlershof. Das Magazin begann im September 1989 und überstand die Wende mehr schlecht als recht bis zum März 1994. Wahrscheinlich war diese Sendung, die zur Wendezeit Geschichte schrieb, nicht nur den Mächtigen im Osten zu unbequem.

„ARD“ stand in der DDR für „Außer Raum Dresden,“ weil dort das Westfernsehen oftmals nicht oder nur sehr schwer zu sehen war. Östlich von Rostock war der Empfang des „Klassenfeindes“ öfter ähnlich schwer.
Die Abhängigkeit von zwei Siegermächten war im Fernsehen in Ost und West durchaus spürbar. So zeigte das zweite Programm des DDR-Fernsehens viele Filme aus der Sowjetunion, während auf der westlichen Seite viele US-Serien liefen.
Selbstverständlich gab es auf beiden Seiten auch Sendungen, in denen der Kalte Krieg nicht zu spüren war. „Ein Kessel Buntes“ vom DDR-Fernsehen wurde auch im Westen gesehen, wo der Empfang möglich war. Umgekehrt kam bundesdeutsche Fernsehunterhaltung auch „drüben“ gut an.

Wiegenlieder

Hier geht es um musikalische Wiegen. Volkslieder, Volksmusik und Schlager hatten in beiden deutschen Staaten ihren festen Platz in der Bevölkerung. Die Freunde der Klassik kamen nicht zu kurz. Im kleineren deutschen Staat hatte fast jede kleine Stadt ihr Theater und ihr eigenes Orchester. „Kulturvoll“ war eine Wortkreation ostdeutscher

Medien und sollte auch hier die aus ihrer Sicht vorhandene Überlegenheit gegenüber dem Westen demonstrieren.
Seit 1967 gab es die Singbewegung mit dem „Oktoberklub“ an der Spitze. Er gastierte zum Beispiel in Bremen beim alljährlich stattfindenden DKP-Fest. Die Art und Weise, wie diese Lieder vorgetragen wurden, erinnert ein wenig an die seit den 1960er Jahren entstandenen US-Protestsongs.
Blues, Soul und Jazz hatten nicht allein bundesdeutsche Freunde zwischen Flensburg und Konstanz. In Dresden gab und gibt es jedes Jahr das Dixieland-Festival, das sich großer Beliebtheit erfreute, weit über die Grenzen der Stadt bekannt war, und im Hörfunk übertragen wurde.
Aus einer Tanzmusik, die zwar modern, jedoch nicht zu westlich klingen sollte, entwickelte sich am Anfang der 1960er Jahre die Beatmusik. Es gab eine ganze Reihe von Bands, die Songs der Rolling Stones oder von den Beatles nachspielten. Im Herbst 1965 wurde es dann allerdings Walther Ulbricht zu bunt. Auf dem 11. Plenum des Zentralkomitees (ZK) der SED meinte er: „Aber ist es denn wirklich so, liebe Genossen, dass wir jeden Dreck, der aus dem Westen kommt, kopieren müssen? Mit der Monotonie des `yeah, yeah, yeah´ und wie das alles heißt, ja, sollte man doch Schluss machen.“
Die Zügel wurden jetzt wieder angezogen, die nur ein Jahr zuvor beim „Deutschlandtreffen 1964“ lockerer wurden. Aber der Beat war nicht totzukriegen.
Hauptsächlich ab den 1970er Jahren entstanden in der DDR immer mehr Rockbands, die alle Deutsch sangen, natürlich auch, weil Kulturbürokraten es so wollten. Aus der Not wurde eine sich immer verbessernde Tugend gemacht. Themen gab es reichlich, nicht nur die Liebe. Es ging um Historisches, menschliches Fehlverhalten, Fernweh, um nur wenige zu nennen.
An den Puhdys, die sich bereits 1969 gründeten, kam man in den 1970er Jahren schwerlich vorbei. Mit „Tore öffnen sich zur Stadt“, was etwas an „Gipsy“ von Uriah Heep erinnert, gelang ihnen 1971

der musikalische Durchbruch und zu den Weltfestspielen lieferten sie zwei Jahre später mit „Vorn ist das Licht“ ihren Beitrag.
Die LP „Sturmvogel“ (1976) konnte sogar in der Bundesrepublik käuflich erworben werden. In dieser Zeit gaben die Puhdys auch dort Konzerte, was der DDR Devisen einbrachte. Die Band ist bis heute existent und ist, wie Udo Lindenberg im Westen, wahrlich ein Urgestein des Deutschrocks.
Die Klaus-Renft-Combo war zwischen 1973 und 1975 oft in den Jugendsendungen zu hören. Mit „Ketten werden knapper“ und „Nach der Schlacht“ oder „Apfeltraum,“ um nur einige zu erwähnen, wurden sie populär. In der „Ballade vom großen und kleinen Otto“ griffen sie ein Tabuthema auf: die Republikflucht.
Den Kulturbürokraten platzte der Kragen und die Band, die sich ab 1974 lediglich Renft nannte, bekam ein Auftrittsverbot aufgebrummt, auch im Rundfunk war bis 1990 nichts mehr von den Musikern zu hören.
Diese zwei Beispiele sollen erst einmal genügen, denn Rockbands gab es wie Sand am Meer. Alle Genres wurden bedient. Lyrische Balladen gab es z.B. von der Gruppe Lift, ebenso wie Rockiges von Prinzip oder der Gruppe Magdeburg. Freunde ulkiger Rockmusik kamen bei Winnie II auf ihre Kosten.
Die Berliner Band City verkaufte ihre LP „Am Fenster“ nicht nur im eigenen Land, sondern auch in der Bundesrepublik. Karat tat es ihnen gleich und wurde nicht nur mit „Über sieben Brücken“ bekannt wie ein bunter Hund.
Später sangen es Peter Maffay und der inzwischen verstorbene Herbert Dreilich zusammen. Wenn Grenzen verschwinden, finden auch Künstler zueinander, die unter besseren Bedingungen als früher miteinander arbeiten können.
Erwähnenswert ist auch, dass professionelle Texter sich den DDR-Bands annahmen, so z.B. Kurt Demmler, um nur einen von vielen zu nennen.

Der heutige Schlagersänger Wolfgang Ziegler rockte den Osten mit seiner Gruppe WIR und die Stern Combo Meißen setzte in der Rockmusik mit dem Einsatz des Synthesizers völlig neue Akzente. Von der DDR-Ostseeküste kam die Band Transit, die vom Gesang an Udo Lindenberg erinnerte, und hatten einen sehr starken Bezug zu ihrer nordostdeutschen Heimat.

Bei der Gruppe Kreis ist der Einfluss des 1974 entstandenen Philadelphia-Sounds nicht zu überhören. Die Band Express hatte sich zeitweise rockiger Countrymusik verschrieben und Berluc brachte 1978 „Hallo Erde, hier ist Alpha“ raus, womit sie dem DDR-Kosmonauten Sigmund Jähn ein Denkmal setzten. Der flog damals ins All, ohne dass die Bundesrepublik Deutschland es ihnen gleichtun konnte.

Rockladies gab es natürlich auch. Nina Hagen wurde mit ihrem legendären „Du hast den Farbfilm vergessen“ und anderen Songs bekannt und konnte ihre Karriere später in der Bundesrepublik mit der Band „Spliff“ fortsetzen.

Veronika Fischer und Band war von Mitte der 1970er Jahre bis zum Beginn der Achtziger populär. Auch Fischer ging wie vorher Hagen einige Zeit vor der Wende in den Westen. Bleiben noch Regine Doberschütz, Angelika Mann und die legendäre Tamara Danz zu nennen. Letztere war die Frontfrau von Silly, einer Rockformation aus Berlin-DDR, die ihre Karriere 1978 startete. Sie starb 1996.

Ute Freudenberg sang bei der Gruppe Elefant und Kathrin Lindner bei der Schubert-Band. In den 1980er Jahren formierte sich Mona Lise zuerst als reine Frauen-Band, was sich erst in späteren Jahren änderte.

Um als Musiker professionell tätig zu werden, musste zuerst ein Musikstudium absolviert werden. Erst dann gab es den staatlich anerkannten Berufsausweis. So konnte ein beachtenswert hohes Niveau erreicht werden. Trotzdem spielte und spielt der DDR-Rock international keine Rolle. Daran konnten neue Einflüsse des Punk, die in

den achtziger Jahren auch in der ostdeutschen Rockmusik aufkamen, nichts ändern.
Im Hörfunk und in Discos galt es, 60 % aus dem eigenen Land bzw. die aus den „Bruderstaaten“ stammenden Interpreten zu spielen, 40 % durften aus dem nichtsozialistischen Währungsgebiet (NSW) kommen. In den 1970er Jahren wurden im Jugendfunk neben der heimischen Produktion Bands aus Ungarn (Omega, Lokomotiv GT), Polen und der CSSR zu Gehör gebracht. Aber auch Led Zeppelin, Uriah Heep oder Deep Purple hatten im Arbeiter- und Bauernstaat ihre Fangemeinden.
Hitparaden gab es „drüben“ auch. Bei der erwähnten Sendung „Jugendstudio DT 64“ des Berliner Rundfunks kam Dienstagabend „DT-Metronom, Schlager nach sechs“, wobei die „Schlager“ in den Siebzigern durchaus rockig waren.
„Die Notenbude“ folgte am selben Tag auf Stimme der DDR, was eher ein Musikmagazin war als eine Hitparade. Aber es wurde schon über Musik für junge Leute diskutiert. Donnerstagabends gab es wiederum auf demselben Sender die „Beatkiste“ und darauf folgte Freitagabend die „Tip-Disko“ sowie am Sonnabend die „Radio DDR Tipparade“.
In diesen Wertungssendungen kamen natürlich nur Rockbands vor, die aus dem RGW-Bereich stammten.
Eine kleinere Wiege des Deutschrocks mag mit Udo Lindenberg, später BAP, Ina Deter und Wolf Maahn sowie Teilen der Neuen Deutschen Welle im Westen gestanden haben. Jedoch die größere stand zweifelsohne im Osten. Beleuchtet wurde in diesem Kapitel nur ein Teil der ganzen Geschichte. Es ist ein Bücher füllendes Thema.
Eines noch zum Schluss: In der DDR gab es Texter, die beruflich für viele Rockbands Texte verfassten. Am bekanntesten waren Kurt Demmler und Wolfgang Tilgner.

Weniger bunt?

Vielen Westbesuchern erschienen die Dörfer und Städte im Osten grau in grau. Jedoch gab es eine Art Urwüchsigkeit, die der Westen längst durch eine Postkartenidylle verdrängt hatte. So gab es noch viel mehr Kopfsteinpflaster statt Asphalt auf den Straßen, hauptsächlich die sehr oft noch urig aussehenden Dörfer hatten noch nicht so deutlich den Postkartencharakter ihrer Pendants in den alten Bundesländern. In „Neufünfland“ sind die Fehler, die auch in der jungen Bundesrepublik gemacht wurden, wiederholt worden.
Mit den „Tausend Teletips“ gab es zwar bis 1972 kommerzielle Werbung im ostdeutschen Fernsehen, im Hörfunk allerdings gab es nichts dergleichen. Der „Konsum“ bot Waren für den täglichen Bedarf an, vergleichbar mit Edeka im Westen. Kaufhallen, die Supermärkte des Arbeiter- und Bauernstaates, wurden von der HO (Handelsorganisation) betrieben.
Nicht nur außen, auch innen waren die Geschäfte weniger aufgemotzt als ihre Gegenstücke im Westen. Meistens waren die Verpackungen, in denen Lebensmittel, Waschpulver oder Süßes steckte, zweckmäßig und schlicht.
Der Stellenwert kommerzieller Werbung war viel kleiner als westlich der „Demarkationslinie.“
Landschaftlich bietet Ostdeutschland viele für Westdeutsche oft unbekannte Reize. Sie lassen das zuweilen immer noch oft graue Erscheinungsbild der Städte und Dörfer vergessen.
Deutschlands größte Insel Rügen mit ihren Kreidefelsen, die schon Caspar David Friedrich begeisterten, sind eingebettet in einem Waldgebiet, in dem sich das Meeres- und Waldesrauschen vereinen. Allerdings kann es vorkommen, hier nicht unbedingt allein zu sein, denn die Schönheit der Insel lockt viele Besucher an.
Im Landesinneren Mecklenburg-Vorpommerns gibt es herrliche Seen, ebenso in dem sich im Süden anschließenden Brandenburg. Ausgedehnte Wälder laden zu Spaziergängen ein.

Es gibt hier Gegenden, in denen man noch allein sein kann. Wer Berge mag, kann in den Harz, ins Elbsandsteingebirge, ins Erzgebirge oder in den Thüringer Wald fahren.
Im Staate der freiheitlich-demokratischen Grundordnung sahen die Hochhaussiedlungen im Grunde nicht anders aus als beim östlichen Nachbarn. Vorortsiedlungen versprühten stets einen gewissen Charme von Spießigkeit.
Alles schien perfekt entworfen worden zu sein: die Hecke, gestutzte Bäume. Und wehe, ein Grashalm wuchs zwischen den Bordsteinritzen auf dem Bürgersteig. Ordnung und Sauberkeit bestimmten das Leben.
Im Westen wusch der Vater am Wochenende das Auto und die Mutter hütete die damals noch in größerer Zahl vorhandenen Kinder. Es schien, als wäre alles mit dem Lineal gezogen worden. Egal, ob in den neu entstandenen Vorstädten oder in den Reihenhäusern in Stadt und Land.
Als gegen Ende der Sechziger die ersten Hippies aufkamen, wollten viele diese „Gammler" in Arbeitslager stecken. So etwas hätte es bei Hitler nicht gegeben. Dazu noch lange Haare: Wo kam man denn hin, wenn das geduldet worden wäre? Diese Menschen störten die behagliche Eintracht. Das erging den späteren Punks nicht unbedingt anders. Orte, die bunter aussahen, versprachen nicht unbedingt ein bunteres Leben und die mit farbenfroher Reklame beklebten Litfaßsäulen wurden von den Menschen oftmals kaum wahrgenommen.
Den nackten Mädchen, die sich seit den beginnenden Siebzigern auf den Titelseiten von mehr oder weniger niveauvollen Zeitschriften zeigten, erging es letztlich nicht viel anders. Manche regten sich anfangs noch auf, später krähte kaum noch ein Hahn danach.
Andererseits wurde Nacktbaden im SED-Staat eher toleriert als in Westdeutschland. Viele Strände, die zu DDR-Zeiten zur Freikörperkultur einluden, sind heute nicht mehr textilfrei. Eigentlich schade.
Die Politik war im ostdeutschen Staat weniger bunt, als sie es in Wessiland zuweilen war. Der Führungsanspruch der SED blieb bis

1989 unangetastet, obwohl es noch weitere Parteien gab. Diese waren in der „Nationalen Front" vereinigt. Sehr viel zu sagen hatten sie nicht, egal, ob sie sich Liberal Demokratische Partei Deutschlands (LDPD), CDU (ja, auch die gab es damals nicht allein im Westen) oder National Demokratische Partei Deutschlands (NDPD) nannten. Sie blieben, was sie waren: Blockparteien, die stets die Meinung der SED wiedergaben und am Ende immer und immer wieder Einigkeit demonstrierten.

Sprachliche Unterschiede

„Werte Reisende, herzlich willkommen in der Deutschen Demokratischen Republik!", tönte es aus dem Lautsprecher am DDR-Grenzbahnhof Marienborn.

Jetzt wurde eine andere Welt der Sprache betreten. „Werte" ist eine Anrede aus der Kaiserzeit. Das Bürgertum wurde zu jener Zeit als „Bourgeoisie" betitelt, denn Französisch war nicht nur in Mode, sondern gehörte in den feinen Kreisen damals zum guten Ton.

Die DDR hat den Begriff „Bourgeoisie" übernommen, wobei das Wort jedoch im Gegensatz zur Kaiserzeit negativ besetzt wurde, wie überhaupt alles Bürgerliche als rückständig galt.

Der Staat, der fortschrittlicher als der westliche Konkurrent sein wollte, geziemte sich einer Sprache von Anno Tuck. Selbst wenn keiner mehr von der „Bourgeoisie" spricht, das Wort „werte" ist im Osten noch geläufig.

Als die HO-Kaufhallen abgewickelt und zu Supermärkten wurden, blieben die gelernten DDR-Bürger bei ihrem Begriff „Kaufhalle". Dieser meint dasselbe, ist Deutsch und warum muss alles auf Englisch ausgedrückt werden?!

Wenn also jemand in München nach einer Kaufhalle fragt, ist klar, woher der Fragende kommt.

So auch bei „Plaste," auf westdeutsch „Plastik“. Eine „Plastetüte“ ist also nichts anderes als eine „Plastiktüte“.
Wer zur NVA eingezogen wurde, „ging zur Fahne“ und „zum Bund“ geht man in der Bundesrepublik. Im Osten gab es wiederum das „Wink-Element,“ mit dem das gemeine Volk der „Führung von Partei und Staat“ zuwinkte. Gemeint war ein Fähnchen, das manchmal im Wind flatterte.
Das Staatsoberhaupt heißt „Bundespräsident“ und die Regierungen hat der Bundeskanzler geleitet, der in den Nachrichten im Funk und Fernsehen des Westens manchmal mit Vor- und Zunamen erwähnt wurde.
Im Osten war das ganz anders. Dort gab es ganze Bandwurmsätze, weil wirklich alle Ämter, die ein Staatsoberhaupt bekleidete, genannt wurden. Ein Beispiel: „Der Generalsekretär des ZK der SED und Vorsitzende des Verteidigungsrates und des Staatsrates der DDR, Erich Honecker, bereitete der DKP-Delegation, die zurzeit in der Hauptstadt weilt, einen herzlichen Empfang.“
Schon wieder so ein uraltes Wort: „weilen". Einfach nur zu Besuch kommen reichte nicht aus, „weilt" klang wohl irgendwie vornehmer.
Es gab auch neue Wortschöpfungen wie „Fußgängerschutzleuchte“, womit eine Taschenlampe gemeint war, oder in der Landwirtschaft die „Raufutterverwertende Großvieheinheit“, Kürzel „RVG,“ also ein Rind oder eine Kuh.
Sehr kurios wurde es im gastronomischen Bereich. Ein „Broiler" kommt aus dem Englischen und bedeutet Grillhähnchen, und wer in einer guten Speisegaststätte dazu, wiederum Englisch, „Juice" bestellte, bekam einen Saft. Wieso, fragt sich ein halbwegs gebildeter Mensch, wurden nicht statt dessen russische Wörter verwendet?
Galt hier nicht mehr die von oben verordnete „unzerbrechliche Freundschaft zwischen der Sowjetunion und der DDR?“ Mit den USA war das schon gar nicht der Fall, mit Großbritannien auch nicht und die Erstgenannten galten sowieso als „USA-Imperialisten“.

Staats- oder Ländernamen wurden in den ostdeutschen Medien gern verkürzt wiedergegeben. „KDVR“ hieß Koreanische Demokratische Volksrepublik, womit Nordkorea bezeichnet wurde, „VRP“ war das Kürzel für die Volksrepublik Polen. Aus einer langen Liste soll uns das hier erst einmal genügen.

Neue Gesellschaftsordnung, neue Wörter: Volkseigener Betrieb hieß VEB und weil auch die ehemals herrschaftlichen Güter dem Volk gehören sollten, wurde daraus ein VEG, ein sogenanntes Volkseigenes Gut. Landwirtschaftliche Produktionsgenossenschaft war viel zu lang und hieß abgekürzt „LPG.“

Weil der kleinere deutsche Staat auch ein anderes Schulsystem als das größere Pendant hatte, hießen Schulen auch anders. Es gab die Polytechnische Oberschule („POS“) und die Erweiterte Oberschule („EOS“).

Solche Sprachgebilde waren in der Bundesrepublik Deutschland so gut wie kaum bekannt. Anderes Land, andere Sitten.

Wie die DDR-Führung bestrebt war, sich von der BRD abzugrenzen, zeigt die Bezeichnung „TGL,“ was für Technische Güte- und Lieferbedingungen stand, die sich allerdings auch an den DIN-Normen orientierten.

Auch für Erfinder kreierten die Machthaber ein neues Wort, sie wurden jetzt „Neuerer" genannt.

Manches glich sich ein wenig, wenn auch nur dem Namen nach. Was der Bundesrepublik der DGB war „drüben“ der Freie Deutsche Gewerkschaftsbund (FDGB). Wer sich aus Köln oder München aus der Fußgängerschutzleuchte nach einigem Nachdenken klar machen konnte, was gemeint war, war das bei der „Jahresendzeitfigur mit Flügeln“ schon schwieriger. Die Rede war hier von den Engelein, die an Weihnachtsbäumen hingen. Nicht alle Wortschöpfungen der Bürokraten gingen ins Alltagsdeutsch über.

Der Ost-Hamburger hieß „Grilletta“ und wer dieses Wort in Saarbrücken benutzte, dürfte auf ein gewisses Unverständnis gestoßen sein.

Aber „Bulette“ versteht auch nur, wer in der Berliner Gegend wohnt. In Norddeutschland heißt dieses Ding „Frikadelle“.
Lange bevor es das Deutsche Sportfernsehen DSF gab, hieß dieselbe Abkürzung im Osten „Deutsch-sowjetische Freundschaft“. Wer sich sportlich betätigen wollte, ging zur Gesellschaft für Sport und Technik (GST). Der Kontaktbeamte hieß in der DDR Abschnittsbevollmächtigter (ABV). Was im Westen Hausverwaltung hieß, war im Osten die Kommunale Wohnungsverwaltung, kurz KWV genannt.
Manche Worte waren nur scheinbar gleich. Unter „Imperialismus“ verstand der Westen das Bestreben eines Landes, sich politisch und herrschaftlich zu vergrößern. Die Arbeiter- und Bauernmacht verstand darunter, dass geschichtlich das letzte Stadium des bald sterbenden Kapitalismus erlangt sei.
Mit dem Wort Freiheit wurde im Westen das Freisein eines jeden einzelnen Menschen in Verbindung gebracht. Dasselbe Wort bedeutete im SED-Staat frei von kapitalistischer Ausbeutung zu sein.
In diesem Sinn ist wohl auch die Hörfunksendung zu verstehen, die in jedem November auf Stimme der DDR ausgestrahlt wurde und „Dem Frieden die Freiheit“ hieß. Sie war, so hieß es im Ansagetext weiter, „eine Solidaritätsaktion des Rundfunks und des FDGB der DDR.“
Die Solidarität hatte wohl ebenso eine etwas andere Bedeutung als in der Bundesrepublik, schließlich sollte auch in der sogenannten Dritten Welt der Sozialismus aufgebaut werden, z.B. in Mosambik, einem damals noch sozialistischen Staat in Afrika, ebenso in Angola und anderswo.

Mauerrisse

Auf der Mauer, auf der Lauer sitzt der Kanzler Adenauer. Der war jedoch 19 Jahre tot, als der Amerikaner John Runnings von Westberliner Seite mit einer selbst gebauten Leiter auf die Mauerkrone kletterte und mit einem riesigen Vorschlaghammer auf eben diese 1986 einschlug.

Ein bisschen verrückt sah das schon aus, hatten sich doch die meisten von denen, die mit diesem Wall groß geworden sind, an sie gewöhnt oder sie war ihnen egal.

Für seine Aktion bekam Runnings richtig Ärger mit den DDR-Grenzorganen und wurde zu 18 Monaten Gefängnis verurteilt. Als er drei Monate davon abgesessen hatte, kam er wieder frei und wurde von seinen Landsleuten, die als Besatzungsmacht in Berlin nicht nur etwas zu erzählen, sondern auch etwas zu sagen hatten, ausgeflogen. Runnings starb 2004 mit 86 Jahren.

Es war der 19. Januar 1989, als Erich Honecker verkündete, dass die Mauer noch 50 bis 100 Jahre stehen bliebe, sofern die Gründe für die Existenz derselben sich nicht änderten. „Das ist schon erforderlich, um die Republik vor Räubern zu schützen", sagte er.

Kriminelle saßen jedoch fest im Sattel eigener Reihen. Wäre es sonst zur Fälschung der Kommunalwahlen im selben Jahr gekommen? Eine zeitnahe Demonstration gegen solche Machenschaften löste die Stasi im Juni mit Gewalt auf.

Im Herbst 1989 zum 40. Jahrestag kam Michail Gorbatschow auf Staatsbesuch in die DDR. Die Warnung: „Wer zu spät kommt, den bestraft das Leben", wurde von den Mächtigen beflissentlich überhört.

Nur wenige Wochen später füllten DDR-Flüchtlinge in Warschau und Prag die bundesdeutschen Botschaften. Mehrere hundert Ausreisewillige quartierten sich in der Ständigen Vertretung in Berlin ein, die im August wegen Überfüllung geschlossen werden musste.

Genau acht Monate nach der „Verkündung“ Honeckers wurde in Ungarn am 19. August der Eiserne Vorhang zur österreichischen Grenze geöffnet und mehr als 600 Flüchtlinge fuhren Richtung Westen, vornehmlich in die Bundesrepublik Deutschland. Die Fernsehbilder gingen um die Welt. Den Ausreisewilligen war es egal, ob weder Ochs noch Esel den Sozialismus in seinem Lauf aufhalten oder nicht. Sie wollten nur weg.
Die bundesdeutsche Botschaft in Prag war dieser Tage von Flüchtlingen überfüllt, dabei stanken die hygienischen Verhältnisse zum Himmel. In dieser Lage kam am 30. September 1989 der damalige Bundesaußenminister Hans-Dietrich Genscher und sprach den inzwischen berühmten Satz: „Wir sind zu Ihnen gekommen, um Ihnen mitzuteilen, dass Ihre Ausreise heute ...“ Er kam nicht dazu, den Satz zu Ende zu sprechen, denn allen war klar, dass sie möglich geworden war. Die Züge rollten jedoch, das hatte die SED durchgedrückt, durch DDR-Gebiet.
Nur wenige Tage später waren die westdeutschen Botschaften in der CSSR und in Polen von neuen Flüchtlingen erneut stark beansprucht worden. Circa 14.000 Menschen gingen in Zügen auf die Reise, die durch Dresden führte. Am dortigen Hauptbahnhof kam es zu sehr heftigen Zusammenstößen mit der Volkspolizei und Bürgern, die ebenfalls das Land verlassen wollten.
Am 7. Oktober wurde der 40. Jahrestag der Gründung der DDR nach außen wie immer groß gefeiert. Radio und Fernsehen berichteten von begeisterten Werktätigen, vorbeiziehend an der Partei- und Staatsführung der DDR. Nach außen deutete nichts auf irgendeine Veränderung hin. Trotzdem gärte es im Volk und abends kam es zu gewalttätigen Auseinandersetzungen zwischen Demonstranten und der Staatsmacht, jedoch nicht nur in Berlin. In Leipzig, wo schon am 2. Oktober eine der berühmten Montagsdemonstrationen aufgelöst wurde, kam es ebenfalls zu einer Demonstration. Die Menschen ließen sich nicht mehr einschüchtern.

Dass die nächste Demonstration am 9. Oktober nicht in einem Blutbad, das offensichtlich von der Staatsmacht geplant war, endete, ist unter anderem Kurt Masur, dem Chef des Gewandhauses in Leipzig, zu verdanken. Die Erinnerung an die Massaker im Juni 1989 in Peking war noch allgegenwärtig. Trotzdem gingen wieder viele Teilnehmer zur Montagsdemo.

Erich Honecker trat am 18. Oktober 1989 von der politischen Bühne ab und verzichtete auf sämtliche Ämter. Dafür kam jetzt mit Egon Krenz ausgerechnet ein Mann, der nicht nur für die Fälschungen der Kommunalwahlen erheblich mitverantwortlich war und die brutale Niederschlagung der Pekinger Studentenproteste bejubelte. Doch damit nicht genug. Nur sechs Tage später, am 24. Oktober, wählt die Volkskammer Krenz zum Vorsitzenden des Nationalen Verteidigungsrates. Gegen diese menschenverachtende Politik gingen damals 30.000 Menschen auf die Straße.

Am Sonnabend, dem 4. November 1989, kam es in Berlin zu einer Großkundgebung auf dem Alexanderplatz, auf der viele Künstler von der SED-Regierung tiefgreifende Veränderungen forderten. Schilder mit der Aufschrift: „Krenz, wir sind die Konkurrenz“, waren neben vielen anderen zu sehen. Sämtliche Reden wurden live und ungekürzt im Fernsehen sowie im Radio übertragen. Ein Novum, das hatte es in der DDR noch nicht gegeben. Es war die größte Demonstration ihrer Geschichte.

Erich Mielke, der Chef der Staatssicherheit, hatte Angst vorm Volk. Er ließ anordnen, „alles Brisante zu vernichten.“ Einen Tag später trat mit Willi Stoph die gesamte Regierung zurück und noch einen Tag später nahm das gesamte Politbüro seinen Hut. Krenz wurde Generalsekretär. Ebenfalls an diesem Tag wurde das Neue Forum als Vereinigung erlaubt und gegen Honecker wurde ein Ermittlungsverfahren wegen Korruption und Amtsmissbrauch eingeleitet.

Donnerstag, der 9. November: Das SED-Politbüromitglied Günter Schabowski machte eine Reiseregelung bekannt, die eigentlich erst am darauffolgenden Tag die Bevölkerung hören sollte. In dem Papier

stand, dass Reisen in das Ausland, sprich vor allem in die Bundesrepublik und nach West-Berlin, jetzt lediglich eines Visums bedürfe, die kurzfristig von den Ämtern, die dafür zuständig sind, erteilt würden.
Schabowski, der selbst über die Meldung verdutzt war, sagte auf die Frage eines Journalisten, ab wann denn diese Regelung in Kraft trete, dass diese sofort, unverzüglich, gelte, so wäre es geschrieben.
Weder die DDR-Grenztruppen wussten Bescheid noch das Ministerium für Staatssicherheit (MfS) hatte eine Ahnung von der Existenz dieses Papiers aus dem Politbüro. Nun waren aber Massen von Menschen an die Mauer gekommen und skandierten ihre Forderung, diese zu öffnen. Dass auf den sehr hohen Druck der Bevölkerung vonseiten der Grenzer so besonnen reagiert wurde, war absolut keine Selbstverständlichkeit.
Eine „Lösung“ wie in Peking war durchaus denkbar. So gesehen hätte es durchaus ein Blutbad geben können. Zum Glück kam es anders. Mitten in der Nacht zum 10. November, wurden auch die Grenzübergänge Richtung Bundesrepublik geöffnet.
Das wahre Gedränge fand erst an diesem Tag statt, viele hatten die Grenzöffnung in der Nacht verschlafen. Nicht nur in Berlin war am darauf folgenden Wochenende der Bär los, wo es praktisch kein Halten mehr gab. Volksfeststimmung herrschte auch an der innerdeutschen Grenze. Heute sind viele von denen, die damals jubelten, arbeitslos oder in Hartz IV.
Honecker, Mielke und Stoph sowie andere Funktionäre wurden am 3. Dezember 1989 aus der SED ausgeschlossen. Mielke kam am 7. Dezember in Untersuchungshaft nach Berlin-Moabit. Die SED gab sich am 16. Dezember 1989 den Zusatz Partei des Demokratischen Sozialismus, im Ganzen also SED-PDS.
Zwei Tage vor Weihnachten wurde das Brandenburger Tor in Berlin geöffnet. Am 22.12.89 brauchten Westberliner und Westdeutsche keinen Eintritt mehr bezahlen, wenn sie „rüber“ wollten, auch Mindestumtausch und Visum waren Geschichte.

Die 100,- DM Begrüßungsgeld, die jeder aus der DDR bekam, wurden von manchem Westler mit Neid betrachtet. Der Zwangsumtausch war noch lange nicht vergessen. Es wurde dabei flugs übersehen, dass dieses Geld sofort in den Konsum floss und die schon im Anmarsch kommende Rezession nach hinten schob. Wer hätte umgekehrt nicht ebenso zugegriffen, wenn der Osten solche Kohle gezahlt hätte, Mangelwirtschaft hin oder her?
In diesen Tagen und Wochen taten es viele dem anfangs erwähnten John Runnings nach und zogen mit Hammer und Meißel bewaffnet los, um sich als Mauerspecht zu betätigen. Überall dort, wo der Beton noch nicht durch Metallzäune ersetzt worden war, konnte das Klopfen laut und deutlich wahrgenommen werden.
Als viele DDR-Bürger ihr eigenes Geld wahrlich verschleuderten, weil sie mit weit überhöhten Wechselkursen arbeiteten, brachten sie ihre eigene Währung zu Fall. Der Ausverkauf, ausgelöst auch durch die eigenen Leute, hatte begonnen.
Mancher, der sich in den ersten Wochen noch zurückhielt, nahm jetzt das Angebot an und konnte zu Pfennigbeträgen nicht nur in Speiselokalen essen gehen. An den offiziellen Umtauschkurs von 1:3, der ab dem 1. Januar 1990 galt, hielt sich keiner mehr. Er war Makulatur.
Das Hauptquartier des Ministeriums für Staatssicherheit in der Normannenstraße in Berlin-Lichtenberg wurde am 15. Januar Ziel wütender Demonstranten. Am 4. Februar ging die SED-PDS dazu über, die ersten Buchstaben zu entfernen, was mehr einer kosmetischen Operation als einem Sinneswandel glich.
Nachdem die erste demokratische Wahl in der DDR am 18. März 1990 der CDU Rückenwind verschaffte, gingen die Menschen am 29. März auf die Straße. Abgeordnete sollten nach ihrer Stasi-Vergangenheit überprüft werden.
Kaum drei Monate später, am 13. Juni, wurde der Mauerabriss in Angriff genommen. Recht bald waren Mauerspechte Geschichte. Reste der Mauer blieben als Mahnmale im Berliner Stadtgebiet erhalten.

Der Arbeiter- und Bauernstaat starb zwar scheibchenweise, aber schnell. Der 15. Juni war der Tag, an dem die Vermögensregelung in Kraft trat. Viel wichtiger für die Bundesbürger war jedoch der 17. Juni, der in diesem Jahr als arbeitsfreier Feiertag zum letzten Mal im Sommer gefeiert wurde. Dieses Datum sollte an die dramatischen Ereignisse erinnern, die der Arbeiteraufstand in der DDR am 17. Juni 1953 hervorrief.

Eigentlich reicht die Bezeichnung, dass es ein Aufstand der Arbeiter war, nicht ganz aus. Es war ein Aufbegehren des gesamten Volkes, das am Ende durch sowjetische Panzer brutal niedergewalzt wurde. Über 100 Menschen kamen an diesem Tag ums Leben.

Aber zurück zu den Bundesdeutschen 37 Jahre später. Es ist sehr erschreckend, dass viele von ihnen längst nicht mehr wussten, wer ihnen diesen Feiertag möglich gemacht hatte, wenn sie im Wald ihren Picknickkorb auspackten.

Löhne, Renten und Mieten wurden am 21. Juni im Verhältnis 1:1 umgestellt und am 1. Juli galt die D-Mark auf dem Staatsgebiet der DDR. Jetzt rächte sich, dass die DDR-Mark nicht nur eine Binnenwährung, sondern auch nicht frei handelbar war. Ein Staat ohne eigene Währung ist nicht überlebensfähig. In Wahrheit war jener Sommertag der Todesstoß.

Neunzehn Tage später begann die Treuhandanstalt damit, rund 8000 VEB abzuwickeln. Dass nicht nur unrentable Fabriken geschlossen wurden, sondern öfter eine Konkurrenz abgetötet wurde, die eventuell der bundesdeutschen Industrie hätten gefährlich werden können, war eine der vielen „Nebenwirkungen“ jener damaligen Wirtschaftspolitik.

Einen Tag vorm Volkskammerbeschluss, die MfS-Aktenvernichtung zu verbieten, wurde am 23. August eben da beschlossen, dass die DDR am 3. Oktober 1990 der Bundesrepublik gemäß Artikel 23 (!) des Grundgesetzes beitritt. Viele waren damals enttäuscht, denn sie hatten sich eine behutsamere Angleichung gewünscht. Sie favorisier-

ten deshalb den Artikel 149 des Grundgesetzes, der dieses hätte ermöglichen können.
„Tschüss, DDR“ hieß es am Mittwoch, dem 3. Oktober 1990, dem neuen Tag der deutschen Einheit. Am nächsten Tag trat ein gesamtdeutscher Bundestag im Reichstagsgebäude in der baldigen neuen Bundeshauptstadt Berlin zusammen. Am 2. Dezember wurde das erste gesamtdeutsche Parlament gewählt.
Bereits am 11. Januar 1991 wurde das Rote Rathaus in Berlin das neue Abgeordnetenhaus für alle in der Stadt wohnenden Menschen und Bundeskanzler Helmut Kohl wurde vom neuen Bundestag am 17. Januar in seinem Amt bestätigt. Der Warschauer Pakt fand am 25. Februar in einem Beschluss sein Ende und wurde am 1. Juli 1991 endgültig aufgelöst.
Der 4. März war der Tag, an dem die Sowjetunion das Zwei-plus-Vier-Abkommen unterzeichnete und die Bundesrepublik Deutschland vollkommen souverän wurde.
Honni ging am 13. März zu seinen Freunden nach Moskau, die jetzt gar keine mehr sein wollten. So blieb in diesen Zeiten nichts mehr, wie es einmal war. Später flog er mit seiner Frau Margot, der einstigen DDR-Bildungsministerin, nach Chile, wo er im selben Jahr, also 1991, starb. Er blieb seiner Gesinnung bis zuletzt treu.
Am 1. April schlug die Rote Armee Fraktion (RAF) wieder zu und verbreitete Terror im Land durch die Ermordung von Detlev Karsten Rohwedder, dem Chef der Treuhandanstalt. Veränderungen in ihrem Sinne brachte es freilich nicht, dafür kam jedoch die erste Frau in dieses Amt: Birgit Breuel.
Nicht nur im Autowerk Trabant in Zwickau, in dem am 30. April nach drei Millionen Autos der letzte Trabi vom Band rollte, gingen Maschinen und Lichter aus. Die Arbeitslosigkeit stieg seitdem rasant an und schaffte es allgemein bis heute nicht, sich zahlenmäßig Westdeutschland anzugleichen.
Fast in der Mitte des Wonnemonats, am 14. Mai, beschloss die Bundesregierung, den Löhnen den Solidaritätszuschlag quasi aufzudrü-

cken. So kam also der „Soli“ am 1. Juli 1991, der seitdem in ganz Deutschland von Arbeitnehmern und Arbeitgebern zu zahlen ist, natürlich im Umlageverfahren. Weil das anscheinend nicht reichte, kam am 1. Januar 1995 die Pflegeversicherung hinzu. Ein Flop, wie heute jeder weiß.

Heinz Keßler, der ehemalige Verteidigungsminister der DDR, und Willi Stoph wurden wegen des Schießbefehls an der damaligen innerdeutschen Grenze und der Berliner Mauer am 21. Mai 1991 in Berlin verhaftet und kamen hinter „schwedische Gardinen“ im Knast zu Berlin-Moabit.

Was fehlt jetzt noch? Berlin wurde zur „Hauptstadt der BRD,“ was so natürlich keiner sagte, wenn, dann hieß Berlin ab jetzt Bundeshauptstadt. Bonn wurde, was den Sitz der Ministerien betraf, bis heute nicht ganz aufgegeben.

Schon zur damaligen Zeit war das eine teure Angelegenheit und das Volk zahlte und zahlt bis heute für an sich zwei Hauptstädte. Ein sehr berühmtestes Beispiel sind die Flugkosten, die natürlich Bedienstete der Ministerien noch niemals bezahlen mussten. Warum eigentlich nicht?

Immerhin wurde am 14. November 1991 das Stasi-Unterlagengesetz beschlossen und trat am 1. Januar 1992 in Kraft. Wer wissen wollte, ob und wie geschnüffelt wurde, konnte bis heute fündig werden und daran hat sich positiverweise auch nichts geändert.

Anfang Dezember 1991 wurde der Maastrichter Vertrag verhandelt und im Februar 1992 unterzeichnet.. Das Volk wurde, wie so oft, außen vor gelassen. Es konnte die Meinung sagen, inzwischen endlich auch in den neuen Ländern, doch zu sagen hatte es nach wie vor nichts. Diesen kleinen aber feinen Unterschied bemerkten bald auch die neuen Bundesbürger und Bundesbürgerinnen und höchstwahrscheinlich, sensibilisiert durch ihre DDR-Erfahrungen, eher als die im Westen.

Fehlerhaft

In den 1990er Jahren wurde im Zuge der Vereinigung, die viele teils zu Recht mehr als „Vereinnahmung“ sahen, zu vieles falsch gemacht. Die Löhne wurden allzu rasch an die des Westens angepasst, der Politik ging es weniger um ökonomische Vernunft als um Wählerstimmen und Macht.

Also verfielen (und verfallen) mancherorts weiterhin Gebäude und Straßen, denn Arbeit war schon damals volkswirtschaftlich nur dann vorhanden, wenn diese nachgefragt wurde. Statt bereits 1990 hauptsächlich die Löhne der geringer Qualifizierten in den alten Ländern schrittweise an die des Ostens anzupassen, wurde der umgekehrte Weg beschritten.

Die sich damals bereits abzeichnende große globale Veränderung von überschaubaren Arbeitsmärkten in Richtung Weltarbeitsmarkt wurde ignoriert, die Folgen waren verheerend und sind bis heute spürbar.

Seitdem werden Menschen mit geringer Qualifikation immer mehr vom Arbeitsmarkt ausgeschlossen, weil auf die Umstellung vom überschaubaren Arbeitsmarkt auf den Weltarbeitsmarkt zu spät reagiert wurde. Das machten sich rechtsextreme Organisationen zunutze und versprachen den Ausgestoßenen eine nur scheinbare Perspektive. Glücklicherweise sind nicht alle gering Gebildeten rechtsextrem, trotzdem treiben die ultrarechten Rattenfänger ihr gefährliches Spiel bis heute weiter.

Zudem wurde vom Westen der entscheidende Fehler gemacht, das eigene System nicht allzu sehr zu hinterfragen. Natürlich gibt und gab es zum Kapitalismus keine Alternative, aber es hätte der Bundesrepublik gut gestanden zu überprüfen, ob, außer dem grünen Pfeil und dem jetzt überall bekannten DDR-Sandmännchen, noch mehr hätte übernommen werden können.

Was wäre, von der Ideologie mal abgesehen, so schlimm an einem einheitlichen Schulsystem, das republikweit Einzug gehalten hätte,

so falsch gewesen? Die Universitäten und Hochschulen standen allen gleichermaßen offen, falls man sich, was bestimmt auch daneben war, an die Parteilinie hielt.
Standesdünkel war absolut kein Thema. Hätten Bildungspolitiker nicht in dieser Hinsicht von Ostdeutschen lernen können, wie es geht? Die Chance, dass jeder fähige Kopf hierzulande studieren kann und die Herkunft keine Rolle spielt, wurde Anfang der Neunziger Jahre bereits vertan.
Wenige Wochen nach Öffnung der Grenzen wollte der damalige Bundeskanzler Kohl in den neuen Ländern sehr schnell blühende Landschaften in den sogenannten neuen Ländern schaffen und bekräftigte diesen Wunsch noch in einer Fernsehansprache Anfang Juli 1990.
Hier zeigten sich deutlich das Unwissen und die Naivität des Pfälzers. Zum Glück ließ er nicht folgende, etwas abgewandelte, Losung an den Fassaden vieler Hochhäuser im Osten anbringen und zwar: „Der Kapitalismus siegt." Die Einheimischen hätten sich wahrscheinlich die Bäuche vor Lachen gehalten. Aber Halt! Mag sein, dass dem Altkanzler Unrecht getan worden ist. Beim Kirschblütenfest in Werder bei Potsdam blühte die Landschaft schon immer, also auch Anfang der neunziger Jahre. Nichts für ungut...
„Nein zum Paragrafen 218!" skandierten junge Frauen in der Bundesrepublik der Siebziger und manche von ihnen dürfte bestimmt ihre ostdeutschen Geschlechtsgenossinnen mehr oder weniger beneidet haben. Denn seit 1972 wurde es in der DDR allein den Frauen überlassen, über eine Abtreibung frei zu entscheiden.
Nicht nur die Kirchen allein verhinderten bis heute einen derartigen Befreiungsschlag. Auch rechtsextreme Organisationen und Parteien, in der schon immer die Männer das Sagen hatten, wollten viel lieber das Mutterkreuz wieder einführen als ein liberaleres Abtreibungsrecht zuzulassen. Ein weiterer Hemmschuh war (und ist) bis heute die konservative Einstellung von Politikern, die trotz aller anderslautenden Beteuerungen vom Heimchen am Herd träumen. In Wirklich-

keit ging es weniger um das Wohl der ungeborenen Kinder, sondern vielmehr um den Machterhalt der Männer. Daran hat sich bis zum heutigen Tag wenig geändert.

Dass die alte Torstraße in Berlin-Mitte wieder ihren alten Namen zurückerhalten hat und nicht mehr Wilhelm-Pieck-Straße heißt, ist natürlich zu begrüßen. Doch auch eine Treitschkestraße im Berliner Westen, genauer in Steglitz, sollte umbenannt werden. Treitschke war Antisemit. Trotzdem hat sich in dieser Hinsicht bis heute nichts getan.

Keine geringere Nazigröße als Hermann Göring sorgte dafür, dass in Berlin-Tempelhof in dem sogenannten Fliegerviertel 16 Straßen nach „heroischen Fliegern aus dem Ersten Weltkriege“ benannt wurden.

Dass seit 1946 eine Alternativliste besteht, auf der Menschen vermerkt sind, die sich gegen die Nazibarbarei stellten, ändert auch über 70 Jahre danach nichts daran, dass in Tempelhof alles beim Alten bleibt.

Dass Straßen in den westlichen Bezirken kaum, in den östlichen aber zahlreich umbenannt wurden, ist unfair. Hier zeigt sich eine unerträgliche Arroganz des Westens, die statt Brücken nur Gräben schafft.

Schon 1990 wurde es uns, dem Volk, nicht gestattet, wichtige Entscheidungen im Prozess der Vereinigung aktiv mitbestimmen zu können. Die politische Klasse nahm es uns ab. Sie entschied für uns. Zwar wäre auch ein behutsamerer Weg möglich gewesen, doch Wirtschaft und Politik entschieden anders und alle, ob in Mainz oder Rostock, hatten es zu akzeptieren.

Fehler wurden bewusst in Kauf genommen, denn das Volk zahlt, nicht die politische Klasse. Damals wie heute gilt der Spruch, das Volk sei dumm. Volksentscheide sind in Süddeutschland auf kommunaler Ebene zumindest möglich, jedoch auf Landes- oder Bundesebene sind sie überall tabu.

Viele dachten nach dem Fall von Stacheldraht und Mauer daran, dass ein neuer Weg möglich wäre, wenn positive Bestandteile aus Kapita-

lismus und Sozialismus in einem völlig neuen System vereint würden. Im realen Leben hatten diese sympathischen Gedankenspiele nicht den Hauch einer Chance.
Um zu verstehen, was in der Industrie fehlgelaufen ist, hilft eine kleine Reise in die Vergangenheit, in richtig alte Zeiten: Halle, Bitterfeld, Leuna und Zwickau waren neben dem schlesischen Industrierevier im Deutschen Reich ein absolut wichtiger Industriestandort. Wichtiger als all jene Standorte, die sich im Westen befanden. Auch wenn August Horch seine erste Automobilfabrik 1901 in Köln gründete, wurde wenig später in Zwickau, Sachsen, produziert. Selbst der „Audi" ist im Grunde ein Sachse, wiederum aus Zwickau. Der „Wanderer," ein Auto aus früheren Tagen, kam aus Chemnitz und Motorräder wurden schon seit 1922 in Zschopau, Sachsen, hergestellt.
Aus dem anhaltinischen Bitterfeld kam IG-Farben. Nach 1945 wurden die noch vorhandenen Betriebe enteignet, vieles, z.B. IG-Farben, wurde im Westen wiederaufgebaut.
Eine der großen deutschen Banken stammt ebenfalls aus Sachsen, die Dresdner Bank, die im Dezember 1872 gegründet wurde. In den folgenden Jahren wuchs sie schnell zu einer großen Bank, die 1884 ihren Hauptsitz nach Berlin verlegte, ihn juristisch jedoch in Dresden weiter fortführte.
Ihre Rolle im Dritten Reich war alles andere als ehrenhaft. Die Dresdner Bank war aufs Engste mit den Nazigrößen verbunden, sie spielte eine sehr wichtige Rolle im arisierten Europa. Sie ist 1945 von den drei Westalliierten entflochten worden, in der SBZ kam es zur Enteignung der Bank.
Ebenfalls nicht zu vergessen ist die Leipziger Buchmesse, die, wohl auch weil sie älter als ihr Frankfurter Pendant ist, nicht abgewickelt wurde.
Der 1901 ebenfalls in Leipzig gegründete Inselverlag konnte trotz Planwirtschaft privatwirtschaftlich weiter betrieben werden. Das

West-Pendant wurde 1960 in Frankfurt/Main gegründet und seit 1991 sind beide Häuser wieder zusammen.
Wahrscheinlich wäre der Wiederaufstieg der damals noch jungen Bundesrepublik ohne das Wissen der Tüftler und Ingenieure aus der DDR nicht möglich gewesen. Auch Fachkräfte und einfache Arbeiter, die aus der DDR flohen, waren sehr wichtige Stützen des Neuaufbaus.

Eigenverantwortung

Wer zum Leben zu wenig verdient, wie kann, wie soll dieser Mensch eigenverantwortlich handeln können? Vielleicht ist es doch einigen schon aufgefallen, wer von „Eigenverantwortung" spricht. Es sind in fast aller Regel die Besserverdienenden, die sogenannten „Bildungsnahen".
Zumeist wissen diese gar nicht, dass es in der sogenannten Unterschicht andere Verhaltensmuster gibt, die sich im Laufe der Jahrzehnte eingeschlichen haben. Im Gegensatz zu ihnen können sie absolut nicht für später vorsorgen. Denn es fehlen schlicht die finanziellen Mittel. Altersarmut ist hier faktisch vorprogrammiert.
Viele sagen, da hilft nur Bildung, Bildung und noch mal Bildung, gerade für die Schwachen und Schwächsten unter uns. Sollen denn in Zukunft nur noch akademisch Gebildete herumlaufen? Das wäre eine irreale Vorstellung.
Die Gesellschaft braucht eine gesunde Mischung aus allen zur Verfügung stehenden Berufen, denn letztlich ist jeder von jedem abhängig. Anders kann die Ökonomie, zu Deutsch der Haushalt, in keinem Fall laufen.
Ein Hotel soll es im Kleinen verdeutlichen. Kein Gast zieht in ein dreckiges Zimmer. Wenn im Restaurant der Staub auf den Tischen tanzt, bleibt es leer. Die Servicekraft hat nichts zu tun, wenn kein

Essen in der Küche angerichtet wird. Im Kleinen ist es kaum anders, als oben im Großen gesehen.
Frühkindliches Fördern ist wichtig, um im Oberstübchen nicht zu verdummen. Aber gerade in Deutschland werden Menschen aus der sogenannten Unterschicht ausgegrenzt. Bekannt ist das schon seit Jahren, aber nichts geschieht, um diesen Missstand, der mehr als eklatant ist, zu beheben.
Nicht das Elternhaus oder der Stadtteil, die Gegend, aus der jemand kommt, darf darüber entscheiden, ob Bildungschancen vorhanden sind oder nicht. Viel entscheidender sind persönliche Begabung und der Wille, es selbst aus der eigenen Kraft heraus zu schaffen.
Dieses kommt jedoch nicht bei jedem von allein. Der Staat muss hier ansetzen, um Eigenverantwortung überhaupt erst möglich zu machen. Aber genau an dieser Stelle hakt es gewaltig. Denn viele, die von Eigenverantwortung und Wettbewerb reden, wollen gar nicht, dass vor allem Letzterer auch wirklich eintritt. Zum Nachteil derer, die nicht auf der Sonnenseite des Lebens stehen und demzufolge zu oft im Schatten verbleiben.
Viele, die in diesem Land keine Chance zur Partizipation haben, wissen das nur zu genau. Wer ständig hört, wertlos zu sein, glaubt das nicht nur, er verinnerlicht dieses als Wissen. Viele, vor allem männliche Jugendliche, sehen ihren einzigen Ausweg in der Gewalt.
Selbstverständlich wäre es falsch, die Verantwortung hier nur beim Staat zu sehen. Natürlich sind gewaltbereite Jugendliche für ihr Verhalten mitverantwortlich. Aber ordentliches Verhalten beizubringen, dafür müssen Hort, Kindergarten und Schule, sprich der Staat, eine Mitverantwortung übernehmen.
Wie wir jedoch alle wissen, sind die Staatskassen leer. Wieso sollten private Träger nicht mit staatlichen zusammenarbeiten, um das Problem endlich vom Tisch zu bekommen? Neue Wege sind bitternötig und mit entsprechender Kreativität auch durchaus zu erreichen.
Wie aber sind gerade Kinder aus bildungsfernen Schichten zuerst einmal zu erreichen, um sie dann entsprechend fördern und auch

fordern zu können? Es hilft nichts, der Staat wird sich hier mit entsprechenden Experten etwas einfallen lassen müssen um weiterzukommen und das wird auf keinen Fall zum Nulltarif zu haben sein.
Kids, die auf der sozialen Leiter auf den unteren Sprossen zu finden sind, müssen wie alle anderen, zumeist bessergestellten Kinder so früh wie nur möglich ihrer Altersstufe entsprechend auf den Ernst des Lebens vorbereitet werden. Um Kinder weder zu unter- noch zu überfordern sind akademisch gebildete Experten gefragt. Die Kindergärtnerin und der Erzieher von früher haben endgültig ausgedient.
Armut kommt uns alle teuer zu stehen. Gesundheitsschäden, die durch übermäßigen Nikotin- und Alkoholgenuss entstehen, sind vor allem in sogenannten bildungsfernen Schichten ein Problem, dass letztlich uns allen an den Geldbeutel geht. Einer der Gründe, warum unser Gesundheitssystem explodiert, dürfte an dem oben genannten Problem liegen. Zudem leiden Arme an Bewegungsmangel und sie haben eine kürzere Lebenserwartung. Zu diesen Faktoren kommen schlechte Wohnbedingungen und, sofern sie arbeiten, noch schwierige Arbeitsbedingungen dazu.
Staatliche Gleichgültigkeit können wir uns, siehe oben, nicht mehr leisten. Sie treibt die sozialen Kosten noch weiter in astronomische Höhen.
Sinnvoller wäre es, ihnen die Partizipation zu ermöglichen, um unnötige Kosten mehr und mehr zu verhindern. Auch weniger gut gebildete Menschen sind fähig zu lernen. Pünktlichkeit, Zuverlässigkeit und Leistungswille sowie soziale Kompetenzen sind nicht nur in der Arbeitswelt, sondern auch im Privatleben unverzichtbar.
Menschen, die ausbildungsfähig sind, werden auch weiter der Allgemeinheit das Geld aus den Taschen ziehen, ob sie wollen oder nicht. Was wird aber passieren, wenn durch die aktuelle Wirtschaftskrise es immer schwerer werden wird, die Ausgestoßenen weiter zu alimentieren? Satte Mägen rebellieren nicht, leere aber sehr wohl. Nicht nur der Gewerkschaftschef Michael Sommer sorgt sich zu

Recht um soziale Unruhen. Denn unmöglich sind sie nicht. Teure Arme.
Gerade weil jeder Mensch alltägliche Strukturen braucht, muss nach Wegen gesucht werden, auch für gering Qualifizierte Arbeit zu schaffen. Wenn sie Werte schaffen und damit Geld verdienen, steigt auch das Selbstwertgefühl und die geldliche Abhängigkeit vom Staat sinkt.
Dazu müsste die staatliche Anrechnungspraxis ganz neu überdacht werden. Sie verhindert oftmals die Aufnahme einer Arbeit, die sozial Benachteiligte unabhängiger von fiskalischen Leistungen macht. Es ist die Aufgabe von Wirtschaft und Staat, ebenso für Menschen Arbeitsplätze zu schaffen, die eben gerade nicht fähig sind, eine Vollausbildung zu schaffen.
Es sind oftmals Menschen, die eine Erwerbstätigkeit oft mehr zu schätzen wissen als die meisten, die glücklicherweise von den Ausgrenzungen, die in unserer Arbeitswelt stetig zunehmen, am Ende verschont geblieben sind. Alimentiert und vergessen. Ein unhaltbarer Zustand, ökonomisch und sozial.

Arbeit und Leben

Es heißt: Bei den Franzosen arbeitet man, um zu leben, bei den Deutschen lebt man, um zu arbeiten. Die Wahrheit liegt wohl in der Mitte. Wer gern arbeitet, dem fällt es nicht sonderlich schwer, gute Ergebnisse zu erzielen, die der Arbeitskraft und dem Unternehmen dienen.
Immer mehr Menschen verdienen jedoch zu wenig, um von ihrer oft schweren Arbeit auch leben zu können. Schuld daran, so sagen die einen Fachleute, ist die zu geringe Wertschöpfung, die dort geleistet wird. Nun ist es selbstverständlich, dass ein Mensch mit akademischem Grad mehr verdienen muss als eine Hilfskraft, zugegeben, ein

extremes Beispiel. Grundsätzlich ist es richtig, dass jemand, der im Leben (zu) wenig erreicht hat, auch nicht viel fordern darf.
Wenn es jemand trotz erheblicher Anstrengungen nicht schafft, von seinem Verdienst leben zu können, ist er oder sie dann ein Versager? Bevor es zu diesem Stigma kommt, muss zuvor ergründet werden, warum das so ist. Vielleicht muss erst einmal der Knoten platzen, bevor es bergauf geht.
Noch ein Wort zu den Lohnzusatzkosten: Kaum eine Arbeitskraft weiß, dass nicht einmal alle Kosten, die anfallen, tatsächlich auf dem Lohnzettel stehen. Die vom Unternehmen abzuführenden Sozialabgaben muss die Arbeitskraft erarbeiten.
Wenn der Arbeitgeber von staatlicher Seite diesbezüglich aber entlastet wird, fallen zwar insgesamt weniger soziale Kosten an, jedoch nimmt der Fiskus auch entsprechend weniger ein. Da wittern die privaten Versicherungen ihr Geschäft. Geringverdienende können sich diese wohl eher abschminken. Wie sollen sie für Krankheit, Rente und Arbeitslosigkeit vorsorgen, ohne auf elementaren Bedürfnisse zu verzichten? Der Mensch kann in diesen Breiten ohne Dach über dem Kopf kaum überleben und Essen und Trinken müssen auch sein. Müssen wir mehr Ungleichheit, sprich mehr Armut, einfach ertragen? Schließlich ist es weltweit so, dass die Armut zunimmt.
Wenn die Sozialabgaben (auch der Autor bezeichnete sie viele Jahre lang als Soziallasten!) wegfielen, würde zwar die Arbeit billiger, aber die Armut würde sprunghaft steigen. Also kann dieser Weg, so verführerisch er auch klingen mag, nicht der richtige sein.
Wer zum Leben zu wenig und zum Sterben zu viel verdient, soll nun Geld vom Staat bekommen. Dieses aber, so heißt es, verzerre den Wettbewerb. Wenn also das eine Unternehmen Staatsgelder erhält, wenn es Menschen mit geringer Wirtschaftsleistung beschäftigt, wollen es die anderen ebenso. Wer aber legt fest, ob viel oder wenig wirtschaftliche Kraft vorhanden ist?
Zum einen sind es die Abschlüsse, die ein Mensch vorlegt, die als Gradmesser benutzt werden können. Da gibt es hohe, mittlere und

niedrige oder gar keine Abschlüsse. Das sind aber zunächst grobe Einteilungen, die eine Richtschnur darstellen, aber über den Menschen als Mensch zumeist wenig aussagen (können). Jedoch wird danach auch selten gefragt. Sind Qualifikation und die dadurch zu berechnende Wertschöpfung die einzigen Kriterien, die über Lohnhöhen entscheiden? Fällt die Wertschätzung bei dieser Berechnung hinten runter?

Was für ein Sozialprestige hat zum Beispiel eine Klofrau oder ein Klomann? Ein Ingenieur? Gebraucht werden sie beide. Einer, der bildungsnah ist, muss selbstverständlich von seinem Gehalt auch leben können. Aber gilt das auch umgekehrt? Erschwerend kommt hinzu, dass gerade in Deutschland Zeugnisse überbewertet werden. Der dahinterstehende Mensch gerät nur allzu schnell ins Hintertreffen.

Wer die Menschenwürde für alle geltend macht, kommt nicht umhin, es auch den wenig Gebildeten zuzugestehen. Das aber beißt sich wiederum mit dem Gewinn, der von jeder Tätigkeit erwartet, ja ersehnt wird. Hinzu kommt der Kostendruck, alles soll preiswert und günstig sein.

Wenn aber alles supergünstig ist, wer kauft dann noch die Produkte? Verschaffen nicht stets sinkende Preise auch stetig weniger Einnahmen? Volle Lager, das wird in jeder Handelsschule gelehrt, bringen totes Kapital. Wer fragt nach Produkten, wenn nichts mehr abgesetzt, zu Geld gemacht werden kann? Die Betriebe müssen ihre Arbeitskräfte entlassen, Arbeitslosigkeit entsteht. Folgerichtig steigen die Sozialabgaben an. Eine solche Entwicklung verheißt nichts Gutes. Wir sägen anscheinend an dem Ast, auf dem wir sitzen.

Genau hier setzen andere Wirtschaftsexperten an. Sie setzen sich für höhere Entlohnungen ein, um einer Abwärtsspirale entgegenzuwirken. Löhne, so argumentieren sie, haben zwei Funktionen: Sie stellen zum einen Kosten dar, sorgen aber auch vermehrt für eine steigende Nachfrage und eine stärkere Binnenkonjunktur. In diesem Sinn plädieren sie für Mindestlöhne.

Hier jedoch lauert das nächste Dilemma. Menschen, selbst sehr hochgebildete, sind nicht davor gefeit, im Niedriglohnbereich zu landen. So gibt es zum Beispiel im Sicherheitsgewerbe längst Akademiker, die dort hauptberuflich tätig sind. Hier kann von Versagern absolut keine Rede sein. Dass im Niedriglohnsektor nur Ungebildete arbeiten, ist ein weitverbreitetes, aber durch und durch falsches Vorurteil.

Fakt ist, dass viele gut bis sehr gut ausgebildete Fachkräfte oft Tätigkeiten unter ihrer Qualifikation im Niedriglohnbereich ausüben müssen. Niedrige Entlohnung macht auch vor denen nicht Halt, die das „Glück" haben, in ihrem Ausbildungsberuf weiter beschäftigt zu werden. Stellvertretend erwähnt sind Fleischer und Friseure, die oftmals für rund vier Euro brutto in Vollzeit arbeiten.

Die Wirklichkeit sieht ziemlich böse aus. Fallen Wertschöpfung und Qualifikation zu gering aus, ist dann Armut als gegeben hinzunehmen? Das ist zu bejahen, wenn es sich kaum oder gar nicht um eine soziale und freie Marktwirtschaft, sondern nur um eine freie Marktwirtschaft handelt.

Wir leben in einer sozialen und freien Marktwirtschaft, so steht es immer wieder geschrieben und die Politik und auch die Wirtschaft werden nicht müde, es gebetsmühlenartig wie eine gesprungene Schallplatte zu wiederholen.

Tatsächlich aber leben wir längst in einer weitaus mehr freien als sozialen Marktwirtschaft. Wirklich gut leben kann letztlich nur derjenige, der in diesem System in der Lage ist, ordentlich Gewinn zu erwirtschaften. Traurig, aber wahr. Die Realitäten in Deutschland sprechen eindeutig gegen die Einführung von Löhnen, die es Menschen am unteren Rand, die vielleicht auch nur Pech gehabt haben, erlauben, würdevoll von ihrer Arbeit leben zu können.

Von konservativer Seite wird vom „Mindesteinkommen" gesprochen. Nur ist das Aufstocken von Löhnen, wie gesehen, mit ungewollter Wettbewerbsverzerrung verbunden. Eine schwierige Kiste.

Zumal die im September 2009 gewählte Bundesregierung absolut nichts von flächendeckenden Mindestlöhnen hält.
Schwierig auch das Lohnabstandsgebot. Soll heißen: Wer arbeitet soll deutlich mehr bekommen als jemand, der dies nicht macht. Wer z.B. 900 Euro netto zum Leben vom Staat bekommt und damit auskommt, muss bei einer Erwerbstätigkeit mehr verdienen. So will es das Lohnabstandsgebot. Allein ökonomisch betrachtet ist das richtig. Aber stimmt das auch menschlich? Plötzlich wird dieselbe Summe netto verdient und das aus eigener Kraft. Der Mensch wiederum belastet den Staat im geringeren Maß oder gar nicht mehr. Das Selbstwertgefühl steigt durch Eigeninitiative. Abstandsgebote bei Löhnen können, müssen aber nicht immer die richtige Antwort sein.
Hat die soziale Marktwirtschaft überhaupt eine Chance? Weltweit setzt sich der Marktradikalismus immer mehr durch. Entscheidend sind nicht nur die Gewinne, es geht um Effizienz, Marktanteile. Der in diesem Buch bereits erwähnte Trend zum immer Billigeren lässt nicht mehr nur seine Konturen erahnen, er drängt sich immer mehr in alle Lebensbereiche vor. Günstige Arbeitskosten stehen im Fokus. Wer billiger kann, bekommt den Zuschlag. Wie es den betroffenen Menschen damit geht, ist ziemlich egal. Die Rendite bestimmt, was zu geschehen hat.
Der Senat in Berlin ist klamm. Wenn dieser zum Beispiel an eine Wäscherei einen Auftrag erteilt, muss diese einen fast schon unmöglich tiefen Preis anbieten, um den Auftrag an Land ziehen zu können. Dass das negative Auswirkungen auf die Löhne hat, ist natürlich klar.

Der Sozialstaat im Wandel der Zeiten

Bleiben wir ruhig noch ein wenig in der Arbeitswelt. Vieles hat sich in den letzten 30 Jahren sehr stark geändert. Die Arbeit muss in immer kürzerer Zeit erledigt werden, auch hier ist nicht wichtig, wie es dem Menschen mit der Tätigkeit geht, zuerst hat er zu funktionieren. Das war früher prinzipiell nicht sehr viel anders, aber zum einen gab es für dieselbe Tätigkeit noch mehr Lohn und zum Zweiten hatte der Zeitrahmen für die Erledigung der Arbeit im Gegensatz zu heute, noch eher gestimmt. Auch hier finden wir alte Bekannte wieder: Gewinn und Rendite.

Auch die Arbeitsfreude, die zu Höchstleistungen befähigen kann, fällt unter den Tisch. Langsam erkennt die Gesellschaft, dass es die Begebenheiten sind, an denen Menschen krank werden, Tendenz steigend.

Auch Gewerkschaften haben diesen Missstand erkannt und kämpfen dagegen an. Noch schwieriger wird es für Arbeitskräfte, die in Branchen tätig sind, wo keine Betriebsräte und erst recht keine Gewerkschaften vorhanden sind. Sie haben keine Lobby, die sich für humanere Arbeitsbedingungen einsetzt.

Ob Gewerkschaften allerdings mit den Erfindungen betrieblicher Mitbestimmung und Flächentarifverträgen gute Dienste geleistet haben, sei mal dahingestellt. Tatsächlich gibt es jedoch nicht ein einziges, vergleichbares Industrieland, dass bereit gewesen wäre, diese Errungenschaften (?) einzuführen. Sehen so etwa die deutschen Exportschlager aus?

Wenn Mitbestimmung, dann sollten abhängig Beschäftigte auch die Möglichkeit haben, Verbesserungsvorschläge bei Vorgesetzten nicht nur einzubringen, sondern diese zu realisieren. Meistens wissen die Kräfte vor Ort am besten, wo es klemmt und wie das Problem behoben werden kann und dadurch beiden Seiten konkret durch Kosteneinsparungen gedient ist. Das Unternehmen spart Geld, wodurch Jobs sicherer werden.

Flächentarifverträge müssten flexibler werden. Arbeitskräfte, die schon länger aus dem Erwerbsleben heraus sind, sollten befristet Einstiegslöhne bekommen dürfen. Das Gleiche sollte auch beim Wechsel von einer Branche in eine andere möglich sein.
Zuschläge zum Beispiel an Sonn- und Feiertagen sind vor allem für Anfänger ein großes Einstellungshemmnis. Sie sollten ggf. zeitlich befristet wegfallen dürfen, um den Einstieg für die Neulinge zu erleichtern! Sollten diese Löhne dann jedoch für eine eigenständige Lebensführung nicht mehr ausreichen, müssten vom Staat Aufstockungen gewährt werden, trotz der berühmten Mitnahmeeffekte und der Wettbewerbsverzerrungen, die ja schon erwähnt wurden.
Fragwürdig ist auch der Kündigungsschutz. Dänemark kennt seit vielen Jahren kaum noch Arbeitslosigkeit, aber ebenso keinen Kündigungsschutz. In Abwandlung eines alten Spruches aus der DDR kann, ja muss heute gesagt werden, dass von Dänemark lernen siegen lernen heißt.
In Deutschland ist die Zeit von der Kündigung an bis zu einer Neuaufnahme einer Arbeit meistens mehrere Monate lang, mindestens sechs Wochen. Arbeitsverträge können zwar für mehrere Jahre eine Arbeitskraft an ein Unternehmen binden, es sind aber nun mal keine Verträge auf Lebenszeit.
Wer eine Arbeitskraft schneller wieder los werden kann, stellt auch um so schneller wieder eine neue Kraft ein. Natürlich war der Kündigungsschutz sozial gut gemeint, bewirkt aber heute fast nur noch das Gegenteil. Er führt zu Ausgrenzung, gerade bei den Schwachen, und verhindert deren Einbindung ins Arbeitsleben. Sollte es sich bewahrheiten, dass es auch bei uns mehr Arbeit gibt, wenn der Kündigungsschutz fällt, dürften immer weniger in Hartz IV abgleiten.
Dass im Urlaub der Lohn weiter bezahlt werden muss, wird sich auch künftig leider nicht vermeiden lassen, denn die Fixkosten laufen für den abhängig Beschäftigten auch dann weiter. Jedoch sind im Krankheitsfall Lösungen angebracht, die weder Unternehmen noch Erwerbstätige belasten. Warum können die Krankenkassen nicht die

Lohnfortzahlung bereits nach spätestens sieben oder drei Tagen übernehmen?
Bevor wir die Gewerkschaften verlassen, noch zu einem äußerst wichtigen Punkt: Frauen haben im Vergleich mit den Männern oft bessere Ausbildungs- und Berufsabschlüsse, erhalten aber bis zu 25 % weniger Lohn. Eine Ungerechtigkeit sondergleichen, die zum Himmel stinkt.
Zu Ludwig Erhards Zeiten war der Sozialstaat hauptsächlich eine Einrichtung, die den wirklich Bedürftigen half, menschenwürdig zu leben. Trotz klammer Kassen gibt es immer noch Hilfen in so gut wie jeder Lebenslage.
Es gibt Kleidergeld, Wohngeld, sogar die Miete wird bei Hartz IV von der Bundesagentur für Arbeit bezahlt und Kindergeld gibt es zudem auch noch. Fairerweise ist anzumerken, dass der Sozialstaat das Geld heute nicht mehr ganz so locker ausgibt, es gibt Kontrollen, um Missbrauch einzudämmen.
Aber genau hier liegt auch der Kern des Problems. Ehemals gute Absichten verkehren sich ins Gegenteil, denn der Staat macht die Hilfesuchenden abhängig von ihm. Anstatt mehr Hilfe zur Selbsthilfe zu leisten, müssen die Betroffenen Kontrollen über sich ergehen lassen, die eines Sozialstaates absolut unwürdig sind.
Der Aufbau von Eigeninitiative erstickt. Menschen, die es gut bis sehr gut schaffen könnten, als vollwertige Mitglieder in unsere Gesellschaft integriert zu werden, verkümmern. Mit mündigen und erwachsenen Menschen, die fähig sind, für sich und andere auch Verantwortung zu übernehmen, hat das nicht das Geringste mehr zu tun.
Um nicht falsch verstanden zu werden: All diese Leistungen sind mit zumeist sehr guten Vorsätzen eingeführt worden und es gibt mit Sicherheit Fälle, in denen sie geholfen haben. Jedoch wäre es endlich an der Zeit, den „Vater Staat" in Rente zu schicken. Denn unser Sozialstaat hat die Balance verloren. Die Maße beim Fordern und Fördern stimmen nicht mehr.

Das fängt schon bei den Kleinsten an. Wegen völlig veralteter Familienbilder haben wir im Gegensatz zu vergleichbaren Staaten viel zu wenig Hort- und Kindergartenplätze. Ganztägige Schulbetreuung ist hierzulande noch längst nicht selbstverständlich. Sie ist aber ein wichtiger Baustein, um gegen die bereits erwähnte Ausgrenzung der Schwächsten tätig zu werden.

Viele sind der Ansicht, dass das alte Sozialstaatsmodell, das immerhin auf Otto von Bismarck fußt und 1884 begann, heute nicht mehr zeitgemäß ist. Die Bevölkerung durch die Einführung von Kranken- und Rentenversicherung ruhig zu stellen, mag in der alten Zeit ausgereicht haben, heute reicht das nicht mehr. Trotz aller Unkenrufe wird jedoch ein auf solidarische Finanzierung basierender Sozialstaat auch in Zukunft vonnöten sein.

Eine der Behörden, die dringend entfernt werden sollten, ist die Bundesagentur für Arbeit. Sie ist das, was sie immer und ewig schon war: eine Verwaltungsbehörde. Anstatt Jobsuchende zu motivieren, geht von ihr oft das Gegenteil aus. Sie fordert von ihren „Kunden" Eigeninitiative, um sie im nächsten Moment dann zu blockieren. Letztlich sind Arbeitsuchende weiterhin keine wirklichen „Kunden", sondern das, was sie stets und ständig waren: Bittsteller.

Wer arbeiten will, ist bei privaten Arbeitsvermittlern oftmals besser aufgehoben. Die Auszahlung des Arbeitslosengeldes kann auch das gute alte Sozialamt übernehmen, es sollte hierfür reaktiviert werden. Auf der anderen Seite ist es hauptsächlich für sozial Schwache sehr wichtig, Hilfen für richtiges Bewerben um eine Arbeitsstelle zu bekommen. Private Arbeitsvermittler bieten solche Kurse an.

Wir stehen vor gewaltigen Problemen, viele werden nur allzu gern ausgeblendet. Ob eine alternde Gesellschaft aber wirklich eine private Altersvorsorge so dringend wie angegeben benötigt, wird von einigen Experten bezweifelt. Anscheinend altern wir schon seit ca. 100 Jahren oder länger.

Dass Privatversicherungen ihre Produkte verkaufen, ist ihr gutes Recht. Aber ob das auch alles mit rechten Dingen vor sich geht, was

uns da erzählt wird? Wer bei Fachleuten nachliest, kann ins Grübeln geraten.
Wahr ist, dass sich die Schere zwischen Arm und Reich zunehmend und immer schneller auseinanderentwickelt. Der Mittelstand ist in der Gefahr, wegzubrechen. Stürzt er ab, wird die Demokratie in diesen Sog mitgerissen. Verelendung gepaart mit Entmündigung bilden eine explosive Mischung. Damit nicht genug, denn es gibt Experten, die befürchten, dass unser Sozialstaat eine wirklich große Weltwirtschaftskrise nicht überlebt.
Werden wir uns alle darauf einstellen müssen, dass bald nur noch eine staatliche Grundversorgung zu erwarten ist? Diese Trommel wird von der privaten Versicherungsindustrie in Erwartung exorbitanter Gewinne kräftig geschlagen. Skepsis ist auf alle Fälle angesagt.
Um das solidarische Gemeinwohl auch künftig sichern zu helfen, müssen mehr Menschen wieder in Arbeit kommen. Derzeit ist eher das Gegenteil zu befürchten, die Arbeitslosigkeit wird wachsen. Hat das Unheil erst begonnen?

Deutschland 2019

40 Jahre sind nach dem Fall von Mauer und Stacheldraht ins Land gegangen. Beschmierte Flächen waren auch 2009 schon ein Problem aber heute, 10 Jahre danach, ist es noch wesentlich schlimmer geworden. Symptome der Verwahrlosung. Denn die Ursachen liegen sehr viel tiefer.
Wirklich gute Bildung ist nur für diejenigen möglich, die diese auch bezahlen können. Dem Rest der Bevölkerung, die eine mehr als erdrückende Mehrheit darstellt, bleibt nur eine Grundbasis übrig, ebenso wie die Grundsicherung in sozialen Fragen. Doch die reicht hinten und vorne nicht.

Eine neue Weltfinanzkrise hat vor wenigen Jahren den Anstoß für den Staatsbankrott geliefert, aufzuhalten war er nicht mehr. Es war weitaus schlimmer als 2008. Alle Stützmaßnahmen führten zu keinem Erfolg.
Die Mittelschicht ist nicht mehr existent, es gibt nur noch ein Oben und ein Unten. Wenige haben so gut wie alles, während die Mehrheit fast nichts hat. Die Infrastruktur liegt darnieder, es gibt kaum noch etwas, aus dem sich der Staat nicht zurückzog. In den letzten Jahren wurde so ziemlich alles privat, was nur möglich war. Staatlich blieben lediglich Feuerwehr und Polizei. Letztere tritt vermehrt Dienste, sofern gesetzlich möglich, an die privaten Sicherheitsfirmen ab.
Städte und Dörfer verfallen, deutlich sichtbar an Straßen, die noch weniger gepflegt werden können, als vor 20 Jahren. Auch der Zugverkehr ist fast zum Erliegen gekommen. Zudem werden Güter kaum noch transportiert, denn die meisten Fabriken stehen still und verfallen.
Die Villenviertel der Reichen sind mit Mauern umgeben, bewacht von niedrig bezahlten Sicherheitskräften. Sie selbst wohnen wie so viele andere auch in längst einsturzgefährdeten Sozialbauten der 1970er Jahre. Dort, und nicht nur dort, ist die öffentliche Strom- und Wasserversorgung längst zusammengebrochen.
Die medizinische Versorgung ist auch als Grundversorgung nicht mehr gewährleistet. Die ehemals öffentlichen Krankenhäuser sind entweder zu teuren Privatkliniken umgebaut worden oder aber sie stehen vor dem Nichts. Es fehlt am Material, an Pflegekräften und anderen, die den Betrieb hätten am Laufen halten können. Schon seit Jahren wurde immer weniger investiert, bis es zum jetzigen Stillstand gekommen ist.
Auch die neue Rentnergeneration erhält nur noch die Basisrente, die eine eigenständige Lebensführung ad absurdum führt. Wer das Glück hat, einen eigenen Garten zu haben, versucht sich selbst zu versorgen.

Schon in den vergangenen Jahren haben soziale Unruhen das Land immer wieder erschüttert. Erreichen konnten sie nur wenig, sie wurden blutig niedergeschlagen.
Die innere Sicherheit liegt am Boden. Mord und Totschlag sind alltäglich geworden. In den Nachrichten werden sie kaum noch erwähnt. Es hungern Menschen, die noch vor zehn Jahren es sich nicht haben vorstellen können, einmal nicht genügend zu Essen und zu Trinken zu haben. Tausende erfrieren im Winter in ihren zumeist verfallenden Wohnungen, weil die Heizversorgung ebenso am Boden liegt. Millionen sind obdachlos.

Schreck lass nach...

Natürlich ist das nur ein Szenario, wenn auch eine durchaus düstere Geschichte. Das Problem ist nur, so ganz abwegig ist sie leider nicht. Noch ist Zeit, viele dieser Visionen nicht auch noch wahr werden zu lassen. Nur allzu viel bleibt uns nicht mehr. Schließlich sind es nur knapp 10 Jahre...!
Der Sozialstaat muss eine Chance haben, doch die hat er nur bei einem Umbau, der die Menschen mitnimmt. Viel zu viele aber stehen nicht mehr am Rand dieser Gesellschaft, sondern jenseits des Randes. Sie sind ausgemustert, ausgestoßen, weil angeblich (ökonomisch) nichts mehr wert.
In einer alternden Gesellschaft, die beileibe nicht auf unser Land beschränkt ist, sondern alle ehemals reichen Industrieländer fest im Griff hat, ist es wichtig alle mitzunehmen, die noch in die Gesellschaft zurückgeholt werden können. Je höher die Anzahl der Lebensjahre ist, in der außerhalb der Gemeinschaft gelebt wurde, um so schwieriger wird die Wiedereingliederung sein. Die Uhr läuft. Wirtschaft geht nicht ohne Soziales und umgekehrt. Diese Regel ist simpel, aber wahr.

Unsere Wirtschaftsordnung ist auf Privatinitiative angewiesen und daran ist prinzipiell auch nichts auszusetzen. Auch die Versicherungskonzerne müssen ihre Geschäfte machen dürfen, wobei die berühmt-berüchtigte Altersvorsorge nur ein, wenn auch wichtiger Teil ist.
Ein Schlechtreden der staatlichen sozialen Leistungen führt jedoch in die Irre. Die sozialen Abzüge sind in Deutschland hoch, keine Frage, und viele Menschen empfinden die Abgaben als Last. In skandinavischen Ländern werden die Menschen allerdings mit wesentlich höheren Steuern und Abgaben konfrontiert und die Arbeitslosigkeit ist niedriger als bei uns.
Der flächendeckende Mindestlohn hat wie gesehen in Deutschland einen schweren Stand. Die Gegner dieser Politik treibt die mehr als verständliche Sorge um, dass bei einem Lohn von 7,50 Euro die Arbeit nicht mehr nachgefragt wird. Hier trifft es dann die Menschen, die sowieso andauernd Gefahr laufen, aus der hiesigen Gemeinschaft ausgestoßen zu werden.
Hier muss jedoch umgedacht werden. Schließlich kann es doch sein, dass durch die Einführung flächendeckender Mindestlöhne der lahmenden Binnennachfrage geholfen wird, mal wieder anzuspringen!?...
Dass unser Sozialstaat Reformen braucht, wird niemand ernsthaft bestreiten. Das Mini- und 400-Euro-Jobs nicht der Knaller sind, haben viele schon verstanden. Wer nicht in Altersarmut fallen möchte, kann dieses nur mit Vollzeitjobs und einer vernünftigen Entlohnung verhindern. Um eine spätere Massenverelendung zu vermeiden, wird kein Weg daran vorbeiführen, dass sowohl in vielen Ausbildungsberufen als auch in so gut wie allen Anlernberufen die Wertschätzung höher als bisher zu bewerten ist. Selbstverständlich schmerzt das nur allzu sehr bei denjenigen, die nun die Löhne auszahlen müssen.
Noch ist dieses Land nicht bankrott, bis jetzt profitieren wir von der Globalisierung. So kostengünstig wie China wird dieses Land auch künftig nicht produzieren können. Die günstigen Löhne vor unserer

Haustür haben schon manches Unternehmen nach Polen, Tschechien oder Ungarn gelockt; selbst Rumänien und Bulgarien wurden attraktiv.

Eine Reihe dieser Unternehmen hat aber auch eingesehen, dass die Lohnkosten zwar ein wichtiger, jedoch nicht der einzige wichtige Posten ist. Sie kamen deswegen zurück, weil es Probleme mit der Infrastruktur und dergleichen mehr gab. Günstige Löhne vor Ort konnten das nicht ausgleichen.

Zeitarbeit und Marktradikalismus: Geht das zusammen? Tatsache ist, dass Leiharbeitskräfte weniger als die jeweiligen Festangestellten verdienen. Aus wirtschaftlicher Sicht scheint das ideal zu sein, Kostensenkung ist oberstes Gebot.

Zuerst hört sich das erst einmal großartig an. Je niedriger die Lohnkosten sind, um so mehr Arbeitsplätze werden geschaffen. Ob in der Zeitarbeit oder wo auch immer. Wie tief sollte es denn sein, damit wir wieder Vollbeschäftigung bekommen? 2,50 Euro in der Stunde, natürlich brutto?

Um das vorherig beschriebene Schreckensszenario nicht Realität werden zu lassen, kommt „die Wirtschaft" nicht um ethisches Verhalten herum. Ethik ist ein Hilfsmittel, um dauerhaft Gewinn zu erwirtschaften und dabei Menschlichkeit nicht zu kurz kommen zu lassen. Das gilt heute genauso wie in Zukunft, egal ob 2019 oder wann auch immer.

Dieses Hilfsmittel sollte auch für vernünftige Mindestlöhne eingesetzt werden. 7,50 Euro sind allerdings weitaus zu hoch. 5,50 Euro sollten genügen, um die wichtigsten Bedürfnisse im Leben befriedigen zu können. Die Unternehmen sollen ja nicht verschreckt werden. Deswegen gilt für Arbeitskräfte im unteren Lohnbereich, sich nicht so teuer, sondern so günstig wie möglich anzubieten. Erst ab dem mittleren Einkommensbereich ist die Regel, sich so teuer wie möglich zu verkaufen, erlaubt. Der Marktwert ist dort eben entsprechend hoch.

Selbstverständlich hat jeder ein Recht auf faire Entlohnung und Mindesturlaub. Die wöchentliche Arbeitszeit sollte 60 Stunden nicht überschreiten dürfen. Abfindungen hingegen sollten allein Führungskräften und Meistern u. ä. vorbehalten sein. Das Gleiche sollte für Prämien gelten. Besserverdienende haben eben durch ihre Leistungskraft es nicht nur verdient, sie haben sich diese Bevorzugung erarbeitet!

Dümmer geht ümmer?

Über die Verdummung eines ganzen Volkes ist mindestens ein Buch geschrieben worden. Seitdem in den 1980er Jahren neben dem öffentlich-rechtlichen Rundfunk das Privatfernsehen zusammen mit dem privaten Hörfunk im Schlepptau in Deutschland zu senden begann, gab es noch viele skeptische Stimmen. Die Kritiker sind in den letzten Jahren weniger geworden, doch wer sucht, findet noch welche.

Noch vor wenigen Jahren gab es bei den Privaten einen ganzen Sack voll niveauloser Talkshows, heute sind es nur noch zwei. Die Themen sind stets gleich, nur die Gesichter der Gäste sind meistens verschieden. Einige tauchen auch in der einen als auch in der anderen Talkshow auf und beglücken die Zuschauer mit ihren Problemen.

Zuweilen kommt die Frage auf, ob es sich um wirklich existente oder doch um gestellte Personen handelt. Diese Frage betrifft nicht nur die Talkshows allein. Sie ist auf Gerichtsshows und Dokumentationen zu erweitern, die ebenfalls im Privatfernsehen laufen. Es dürfte aber vielen Zuschauern egal sein, was davon stimmt, Hauptsache, sie werden unterhalten. So schnell kann der Informationswert zur Farce werden.

Der Boulevard nimmt immer mehr zu. Mögen die Privaten Vorreiter gewesen sein, die öffentlich-rechtlichen Fernsehanstalten haben längst nachgezogen. Von Mord und Totschlag, Unfällen oder sehr gern auch von Feuerteufeln, Prominente nicht zu vergessen, wird tagtäglich berichtet. Auch sehr beliebt sind die dazu passenden Überschriften, allzu oft aus Boulevardblättern.

Vor Letzteren sind sogar eigentlich seriöse Nachrichtenmagazine von ARD und ZDF nicht sicher. Wenn es aber eine Zusammenarbeit zwischen Boulevardzeitungen und Nachrichtenredakteuren bei ARD und ZDF gibt, gilt es zu fragen, wie hoch der Informationswert ist, den wir vor die Nase gesetzt bekommen.

Wie alles im Kapitalismus sind Nachrichten eine Ware. Gewalt im Nahen Osten verkauft sich besser als Gewalt in Südafrika oder wo auch immer auf diesem Globus. Es ist leider nicht egal, wo Menschen gewaltsam zu Tode kommen. Obwohl letztlich hier wie da dasselbe passiert, ist es noch lange nicht das Gleiche.

Die Medien in Deutschland sind per Gesetz dazu verpflichtet, zu der politischen Meinungsbildung beizutragen. Wer diese kritisch verfolgt, könnte zumindest eventuell den Eindruck gewinnen, dass hier etwas nicht stimmen könnte, und kommt dann zu dem Schluss, dass Menschen, die an sachlichen, hintergründigen Informationen interessiert sind, diese nur unzureichend erhalten.

Nehmen wir zum Beispiel die Bildung. Beinahe täglich ist es zu vernehmen, dass Deutschland zu wenig darin investiert, Bildung müsse durchlässiger werden, Kinder mit Migrationshintergrund als auch deutsche Kinder aus sozial schwachen Schichten sollten besser gefördert werden. Auch wenn der Eindruck erweckt wird, dass soziale Belange im Vordergrund stünden, im Fokus stehen in fast aller Regel wirtschaftliche Gründe.

Die Frage, was aus den Kindern wird, die sich enorm anstrengen, um den gesellschaftlichen Normen zu entsprechen und trotzdem scheitern wird gar nicht gestellt, geschweige denn, beantwortet. Diese Frage darf aber nicht unter den Tisch fallen, wenn der Anspruch auf umfassende Information verwirklicht werden soll. Von den Privatsendern ist in dieser Hinsicht wenig zu erwarten. Wie ist das bei den öffentlich-rechtlichen Anstalten?

Bis auf die kleineren Anstalten Radio Bremen und Saarländischer Rundfunk hat jeder Sender einen Informationskanal bereitstellt. In den politisch aktuellen Sendungen kommen viel mehr Politiker zu Wort als entsprechend fachliche Spezialisten. Egal, ob es um die Wirtschafts- und Finanzkrise oder um Arbeitslose geht, ohne Politiker geht so gut wie gar nichts. Es entsteht der Verdacht, dass sie viel mehr Macht ausüben, als es ursprünglich gedacht und geplant gewesen war. Ein unabhängiger Rundfunk, der auf dem Boden der freiheitlich-demokratischen Grundordnung steht, sieht anders aus und hört sich anders an.

Wer aufmerksam Nachrichten verschiedener Sender hört, bemerkt, dass die Sätze sich sehr oft bis aufs Haar gleichen. Dabei ist es egal, ob sie privat sind oder nicht. So entsteht ein großer Einheitsbrei. Nachrichten werden im Vergleich zu früher immer kürzer. Vielleicht weil wir in einer schnelllebigen Zeit leben? Der wahre Grund scheint eher Desinformation zu sein, Verdummung quasi durch die Hintertür.

Einlullen sollen uns auch die Seifenopern, die in den letzten Jahren im privaten als auch im öffentlich-rechtlichen Fernsehen entstanden sind. Mit dem wirklichen Leben haben diese Sendungen nicht allzu viel gemein und das sollen sie auch nicht. Was hier vordergründig der Zerstreuung dienen soll, ist eigentlich dafür gedacht, von den wahren Problemen, die wir haben, abzulenken, sie gewissermaßen zu verkleistern.

Bei der Volksmusik, dieser Mischung aus Schlagern und Liedern, die vor schmalzigen Texten nur so triefen, verhält es sich quasi genauso. Garniert wird das alles mit Bergromantik, in der die Seen noch klar und die Wälder noch grün sind, wo der Hirsch röhrt und der Wildbach rauscht.

Daneben existiert die norddeutsche Variante mit Hafenromantik, Seemann mit Bart und Schifferklavier. Heile Welt pur und alle haben

sich lieb. Dass dem in Wahrheit nicht so ist, bleibt im Verborgenen. Es ist ein knallhartes Geschäft, in dem mit sehr harten Bandagen gekämpft wird.
Merkwürdigerweise haben ARD und ZDF bei den Volksmusiksendungen die Nase vorn, und weil das noch nicht reicht, springen alle dritten Programme mit ein. Manchen Sendungen ist beim Lesen der Fernsehzeitschriften nicht sofort anzusehen, dass auch volkstümliche Weisen erklingen werden. Bei all dieser Lust auf urdeutsche Gemütlichkeit verwundert es sehr, dass die privaten Fernsehsender noch nicht auf diese Quotenrenner gesetzt haben. Ließe sich hier nicht ordentlich Geld verdienen?
Regenbogenzeitschriften machen vor, wie es geht. Sie bringen die neuesten Berichte über Volksmusikstars und Sternchen, besonders beliebt sind Informationen aus deren Privatleben. Es geht immer wieder um die gleichen Themen: Liebesglück und „Babybauch" oder wer gerade wen in der Liebe betrügt.
Dieses Strickmuster findet sich auch in Berichten über Europas Adelige wieder. Bei diesem ständigen Hofieren könnte doch glatt der Eindruck entstehen, dass wir von lauter Monarchien statt Demokratien umgeben sind.
Einen großen Raum nimmt auch das Schlankheitsthema ein und das nicht nur in den entsprechenden Zeitschriften, von denen sich in den letzten Jahren immer mehr auf dem Markt tummeln. Hinzu kommen noch die täglich erscheinenden Regenbogenzeitungen, die sich an dieses lukrative Thema anhängen. Denn dahinter ist ein gigantischer Markt entstanden, mit dem sehr viel Geld gemacht werden kann.
Tatsache ist jedenfalls, dass die Regenbogenpresse, egal, ob sie wöchentlich als Zeitschrift oder täglich als Tageszeitung zu lesen ist, sehr geschickt gemacht wird. Hier gehen wahre Profis zu Werke, die ihr Handwerk von der Pike auf gelernt haben. Sie wissen, wie Emotionen geweckt und Meinungen in ihrem Sinn positiv beeinflusst werden können. Dieser Punkt gilt, allerdings in einem wesentlich

subtileren Maße, auch für die seriösen Medien, seien sie nun in elektronischer oder gedruckter Form auf dem hiesigen Markt vertreten.
Die Gefahr der Verdummung lauert faktisch überall. Ganze Bücher werden von angeblich unabhängigen Experten mit der Absicht geschrieben, bestimmten mächtigen Interessengruppen zu dienen. Hier sowie auch in anderen Gebieten der Informationsbeschaffung soll nicht nur der weniger gebildete Mensch, sondern auch der besser Gebildete hinters Licht geführt werden.
Unsere Gesellschaft ist bei Weitem nicht so demokratisch, wie sie es vorgibt zu sein. Die Politik gibt vor das auszuführen, was des Volkes Wille sei. So z.B. 1980, als die Sommerzeit in der Bundesrepublik Deutschland eingeführt wurde, zeitgleich mit der Deutschen Demokratischen Republik.
Bundesdeutsche sind ebenso wenig gefragt worden, ob sie diese wollen, wie das Volk der DDR. Wer wollte statt der D-Mark den Euro und wie war das noch mit dem Grundgesetz nach vollzogener Wiedervereinigung? Es sollte doch eine gemeinsame Verfassung entstehen oder nicht? Sie ist bis heute, fast 20 Jahre danach, noch nicht da. Wieso ist das so?
Weil die politische Klasse uns, dem Volk, seit mindestens 1949 zu wenig zutraut. Wir erinnern uns, die politische Klasse meint einzig und allein den Durchblick zu haben. Das gnädigerweise, auch daran erinnern wir uns, Volksentscheide auf Landesebene möglich sind, ist gut und schön. So wie in Berlin, als im Herbst 2008 über den Fortbestand des Flughafens in Tempelhof abgestimmt werden sollte. Der Haken ist jedoch, dass des Volkes Stimme für die Entscheidung leider nicht bindend ist. Wozu dann die teure Befragung, die natürlich wir Steuerzahler auch noch finanzieren?
Mit freiheitlich-demokratischer Grundordnung auf den Lippen und Unmündigkeit im Sinn muss endlich Schluss sein. Dümmer geht eben nicht immer! ...

Freier Markt?

Der freie Markt soll alles regeln, von Regularien befreit seine Kraft entfalten. Wohin das führt, konnte jeder spätestens 2008 im September sehen, als die Weltwirtschafts- und Finanzkrise an den Tag brachte, dass das so einfach wie gedacht leider absolut nicht geht. Klar wurde auch, wohin schier grenzenlose Gier einiger weniger, aber mächtiger Menschen führen kann: in den Abgrund. Die Zeche zahlen dann weltweit die Steuerzahler. Verantwortung übernimmt von denen, die die Krise verursachten, keiner.

Es wirft sich die Frage auf, ob der Mensch überhaupt zu einem verantwortungsvollen Handeln fähig ist, wenn dieser erst einmal die Karriereleiter so hoch erklommen hat, dass die Bodenhaftung verloren geht. Können diese vielen Herren und vielleicht, aber wenn nur wenige, Damen etwas für ihr rücksichtsloses Verhalten? Kommen sie überhaupt dagegen an?

Die Gier weckt im menschlichen Gehirn orgastische Gefühle, so die Wissenschaft. Ist es möglich, dass diese wissenschaftlichen Erkenntnisse ihre „Opfer“ so scharf machen, dass sie dem quasi willenlos ausgesetzt sind? Muss das die Mehrheit der Menschen nicht nur hierzulande, sondern weltweit hinnehmen?

Einerseits mag es zutreffen, dass die Gier aus o.g. Gründen die Menschen zu rücksichtslosen Wesen macht. Andererseits sind sie Eigentümer ihres Verstandes, der zudem über den Dingen, sprich, der Gier stehen sollte. Falls dem wie viel zu oft nicht so sein sollte, ist den „Opfern“ auf die Sprünge zu helfen. Wie? Durch internationale Gegenmaßnahmen.

Natürlich werden diese schwierig zu vereinbaren sein, weil die nationalen Egoismen, genauer wirtschaftliche Eigeninteressen, dem entgegenstehen werden. Klar ist aber auch, dass destruktives Verhalten einiger Weniger Milliarden von dann wirklichen Opfern ins Elend stürzen kann, auch bei uns. Schließlich gibt es auch in der Bundesre-

publik Deutschland skrupellos agierende Manager in den Chefetagen.
Gegen einen freien und fairen Markt ist nichts einzuwenden, den brauchen wir mehr denn je. Ein ungezügelter Markt begräbt aber jede Freiheit und schadet langfristig auch denen, die vorerst die Gewinner eines ruinösen Wettbewerbes zu sein scheinen. Zum Schluss verlieren alle.
Eine wichtige Regel heißt, einen Wettbewerb zu starten, bei dem möglichst alle Gewinner sein können. Natürlich gab und gibt es immer Verlierer, auch in Zukunft wird es sie geben. Jedoch darf nicht zugelassen werden, dass diese jegliche Lebensperspektive auf ewig verlieren. Sie müssen, auch bei eigenem Verschulden, eine Möglichkeit erhalten, um ihr Fehlverhalten korrigieren zu können.
Das Ziel muss ein weltweit fairer, freier Markt sein. Natürlich wird Deutschland diese Aufgabe nicht alleine bewältigen können, internationale Mitstreiter sind zu gewinnen. Das müssen nicht allein vergleichbare Industrieländer sein, im Gegenteil. Sind es doch die armen Staaten, die ihre praktischen Erfahrungen mit ungleichem Handel einbringen können.
Die „Festung Europa", zu der auch Deutschland gehört, muss mehr und mehr abgebaut werden. Im Agrarbereich ist eine Öffnung des europäischen Marktes für Produkte aus armen Ländern mehr als überfällig. Hierzu gehört selbstverständlich, die Subventionen für landwirtschaftliche Betriebe in Ländern, wie den USA und Deutschland abzubauen.
Niemand wird ernsthaft sagen können, dass diese Veränderung ein Spaziergang sein wird. Gilt es doch, Besitzstände, die sich in den letzten Jahrzehnten aufgebaut haben, zurückzudrehen. Große Widerstände sind als realistisches Szenario anzunehmen und dann kommt noch die große politische Keule, dass auch Landwirte nicht unerhebliche Wählerstimmen darstellen. Ein Umdenken auf beiden Seiten ist hier unbedingt erforderlich.

Streichen bei den Reichen. Das reimt sich nicht nur, sondern es hört sich auch noch gut an. Nur ist das Besteuern gar nicht so einfach, wie es scheint. Zumal dann nicht, wenn es sich um die Stützen der Wirtschaft handelt. Sie sind zu schonen, damit sie ihr Geld nicht ins Ausland bringen.

Das gilt insbesondere dann, wenn auch noch Arbeitsplätze daran hängen. Reiche, die sich hierzulande zu hoch besteuert sehen, nehmen die Jobs mit, um sie im Ausland wieder zu errichten. So ist die Realität.

Anders sähe die Lage aus, wenn es in der Tat gelänge, wirklich allen Steueroasen und Schlupflöcher den Garaus zu machen. Um das so gut wie Unmögliche zu erreichen, wird ein langer Atem allein nicht genügen. Um der Allmacht der Finanzen und ihrer Welt wirkungsvoll die Stirn zu bieten, wird mit großem Abstand die allerschwierigste Hürde sein, um einen fair gestalteten freien Markt aufzubauen.

Die Reichen kennen diese sie begünstigenden Fakten genau und nutzen die weitgreifende Ohnmacht vieler schamlos aus. Doch die Ohnmächtigen müssen sich, wenn sie ehrlich zu sich selber sind, auch fragen ob sie, wenn sie an deren Stelle wären, anders handeln würden. Leider würden wohl die allerwenigsten mit einem reinen Gewissen diese Frage bejahen können. Hier steht sich der Mensch meistens selbst im Weg.

Wer bedenkt, dass Einsicht der erste Weg zur Besserung ist, hat ein, wenn auch kleines, Etappenziel zur Veränderung erreicht. Einsicht und Vernunft sind weitere Stützpfeiler, um auf diesem schwierigen Feld positive Wendungen zu erreichen.

Denn der Staat braucht Steuern auch, um das Gemeinwohl aller sichern zu helfen. Dass die Emotionen machtvoll dagegen angehen, ist nur allzu normal und allein dagegen selbst anzukämpfen ist nicht gerade leicht.

Doch einen anderen Weg gibt es nicht. Erst wenn es tatsächlich weltweit gelingt, Reichtum zu besteuern, wird Deutschland nicht umhin kommen, Reiche zur Kasse bitten zu können.
Dass manche Banker und Manager weitaus mehr als das Hundertfache des Durchschnittsverdienstes erhalten, hat mit freiem und fairen Markt und eben solchem Wettbewerb nichts gemein. Schon wieder steht sich der Mensch selbst im Wege, denn wer würde nicht bei einer entsprechend gebotenen, jedoch sachlich überhöhten Summe lauthals „Ja!" sagen und abgreifen?
Der Vorschlag, Managergehälter bis auf 500.000 Euro zu begrenzen ist heuchlerisch, zumal das national gar nicht zu machen ist. Außerdem würden wir beim heutigen Stand der Dinge Manager der zweiten Klasse bekommen und das können wir uns auf gar keinen Fall leisten, wenn wir auch in Zukunft wettbewerbsfähig bleiben wollen.
Wie so oft in solchen Fällen kann nur eine staatsübergreifende Besteuerung helfen, zunächst auf europäischer und später auf internationaler Ebene. Und das kann dauern!
Leichter ist da der Weg des Sozialneides. Nur verändert diese Sicht nichts, es versperrt den Blick fürs Wesentliche. Besser ist es, einen kühlen Kopf zu bewahren. Politik und Wirtschaft müssten den Raffkes in unserer Republik aufzeigen, dass sie der Ökonomie durch ihr Verhalten erhebliche Schäden zufügen. Die Allgemeinheit bügelt sie wieder aus, obwohl sie dafür gar nichts kann.
Staatliche Rettungsschirme für die Banken fordern ausgerechnet diejenigen, die noch vor wenigen Monaten alles staatliche, was regulierend eingriff zum Mond wünschten und rufen wieder nach Vater Staat. Blieben sie bei ihrer alten Ideologie vom freien und grenzenlos unregulierten Markt, dürften sie nicht um einen einzigen Cent bitten oder ihn gar fordern.
Sie wissen selbst sehr genau, dass ein solches Verhalten noch nicht einmal mit „nur" freier Marktwirtschaft vereinbar ist, von einer fairen und freien Wirtschaft ganz zu schweigen. Stattdessen ist von

Forderungen zu hören, Milliardensummen in unser Finanzsystem zu pumpen, um es zu retten.
Die Retter in der Not sind wir, die Steuerzahler, die Melkkühe der Nation, wie viele meinen. All dieses wurde meisterhaft und geschickt von entsprechenden Lobbyisten eingefädelt, die ihre Schreibtische direkt in kuscheliger Nähe zur Bundesregierung platziert haben. Die Politik stimmt den Forderungen zu und schon läuft alles wie am Schnürchen.
Wir retten ja auch nicht irgendwen oder irgendwas, sondern hier geht es um „systemrelevante Banken", ohne die „alles zusammenbrechen würde". Woher sollten (auch deutsche) Unternehmen Kredite für ihre wirtschaftlichen Aktivitäten bekommen, wenn systemrelevante Banken bankrott gingen? Würde nicht die Arbeitslosigkeit rasch ansteigen? Sollten wir uns nicht sogar stolz als Retter in der Not fühlen dürfen, obwohl unsere Gelder wie gewohnt ungefragt abgezwackt werden?
Dass Banker ebenso wie Manager bei Versagen auch noch verdammt riesige Abfindungen und Boni kassieren, ist wohl nur noch zu verstehen, wenn jemand selbst von der Gier „besessen" ist. Nur sind Verträge nun einmal einzuhalten, sonst winken riesig große Konventionalstrafen.
Nun gibt es Experten, die meinen, dass mit der Systemrelevanz sei gar nicht wahr. Aber selbst wenn sie recht haben, fast alle von uns würden, falls sie könnten, ebenfalls Verluste sozialisieren und Gewinne privatisieren und ohnmächtige Steuerzahler alles zahlen lassen. Wir würden ebenfalls nichts daran ändern wollen und die Steuerzahler auch weiter ohne Macht und Mitsprache lassen. Denn das Spiel muss weitergehen.
Ob und wie hier Vernunft einkehren kann, ist eher zweifelhaft. Denn die Spieler machen weiter, als wäre nichts geschehen und das steht dem Entstehen eines fairen, freien Marktes eklatant entgegen.

Ethisches Wirtschaften

Wie gesehen ist ein fairer, freier und auch sozialer Markt ohne Ethik nicht zu haben. Die Schwierigkeiten, diese durchzusetzen, liegen wie beschrieben auch im Menschsein an sich begründet. Es ist aber in der heutigen Zeit sehr wichtig, ethische und damit verbunden soziale Fragen nicht aus dem Blickwinkel verschwinden zu lassen.

Selbstverständlich hat Raffgier nichts mit ethischer Wirtschaft gemein. Diese trotz aller aufgezeigten Probleme aus der Welt zu schaffen ist eine der heutigen Hauptaufgaben. Das Jahr 1929 ist hier als mahnende Erinnerung erwähnt, als die Gier die Welt in ein Fiasko stürzte.

Neues, freiheitliches, also neoliberales Denken ist auch nicht das eigentliche Problem, sondern das Marktradikale, alles muss irgendwie vermarktet, zu möglichst viel Geld gemacht werden und das so schnell es irgend geht. Die menschliche Arbeitskraft ist längst Teil dieser Ideologie. Der Arbeitsdruck wird immer mehr erhöht, wer nicht mehr mithalten kann, fliegt. Dass Arbeit auch für das Gemeinwohl wichtig sein kann, zählt im durchgestylten effizienten Deutschland nicht mehr viel.

Das bedeutet nicht, dass der Langsamste den Takt angeben soll, nach dem sich alle zu richten haben. Es geht um ein für jeden akzeptables Arbeitsklima, wozu selbstverständlich auch das Streben nach Gewinn gehört und Wettbewerb natürlich ein nicht wegzudenkender Bestandteil bleibt.

Zur ethischen Wirtschaft gehört gerade in Deutschland, dass die Arbeitskräfte nicht zu Befehlsempfängern degradiert werden. Sie müssen stärker in die Produktionsabläufe einbezogen werden, wie bereits erwähnt, müssen Verbesserungsvorschläge besser in die Realität umgesetzt werden können.

Marktradikale wollen am liebsten alles privatisieren. Egal, ob es sich um Sozialeinrichtungen wie Kindergärten, Privatschulen oder Kranken- und Senioreneinrichtungen handelt, es gibt viel zu tun. Wird sich die breite Masse dann noch Aufenthalte in den Reha-Kliniken leisten können?

Wahr ist, dass die Löhne, z.B. für Busfahrer, sinken, wenn sie zu Privatunternehmen wechseln müssen. Wer nicht mitspielt, darf gehen. Ökonomen machen für diese Erpressungen hauptsächlich die nach ihrer Meinung in den letzten drei Jahrzehnten entstandenen zu hoch geratenen Löhne verantwortlich. Ganz unrecht haben sie sicher nicht, im Gegenteil.

England hat sich nicht mit Ruhm bekleckert, als dort die Bahn in private Hände ging. Droht der DB ein ähnliches Schicksal? Es geht um die Börse, aber wo bleiben die dort tätigen Menschen in dem Spiel? In Chile wurde auf die Privatrente gesetzt. Es ging alles den Bach herunter. Der Traum, dass, wenn alles privat ist, alles sehr viel besser wird, scheint sich leider nicht erfüllen zu wollen.

Können sich nur Reiche einen armen Staat leisten? Wer heute mit offenen Augen in die Welt sieht, scheint das bejahen zu müssen. Die Gefahr von Verschwendung bietet der radikal freie Markt im gleichen Maß wie die soziale freie Marktwirtschaft. Gemeinwohl und Gemeinsinn gemischt mit Gewinnorientierung ist aber nur in einer sozialen und freien Marktwirtschaft möglich. Hier versagt der allein nur freie Markt.

Zu dieser Erkenntnis zu gelangen ist nicht immer ganz einfach. Aber wer sich umfassend über die aktuellen Auswirkungen der Weltwirtschaftskrise informiert, dürfte um einige Erkenntnisse nicht herumkommen, zumal dann nicht, wenn geglaubt wurde, dass nur der radikal freie Markt alles richten kann.

Trotzdem sind bürokratische Hemmnisse, die es der Wirtschaft in Deutschland schwer machen, abzubauen. Wer als Arbeitsloser ein Praktikum in einem Betrieb absolvieren will, muss zuerst die Bundesagentur für Arbeit um Erlaubnis fragen. Grund: Er oder sie könnte ausgebeutet werden. Um das zu verhindern, wird vom Amt erst einmal geprüft, ob das Praktikum gemacht werden kann oder nicht. Das letzte Wort hat nicht der Interessent, sondern die Arbeitsagentur,

ob es losgeht oder nicht. Falls nicht, ist wenigstens der Widerspruch erlaubt.
Dass Ausbeutung auch unter ethischen Gesichtspunkten in unserer Wirtschaftsordnung niemals ganz ausgeschlossen sein kann, liegt auf der Hand. Arbeitslose, erwachsene Menschen sollten jedoch nicht für dermaßen dumm verkauft werden, dass sie nicht selbst merkten, wann sie ausgebeutet werden.
Für Wirtschaftskriminalität gilt ebenso wie für Ausbeutung, sie kann, ebenso wie sozialer Missbrauch, niemals völlig ausgemerzt werden. Menschen, die sich auf Kosten Dritter bereichern und sich dann aus dem Staub machen, wird es immer geben, selbst wenn ethisch auch noch so hohe Anforderungen an die Beteiligten gestellt werden.
Leiharbeit hat in Deutschland immer noch einen schlechten Ruf. Sie steht für Lohndumping und Ausbeutung. Das ist z.T. leider noch nicht einmal falsch. Selbst in den alten Bundesländern, so z.B. in Bremen, kam es zu massiven Lohnsenkungen und Leiharbeiter sind auch die Ersten, die entlassen werden.
Könnte umgekehrt Leiharbeit für das maßvolle Regulieren von, vor allem in den alten Ländern, sehr hohen Löhnen eingesetzt werden? Natürlich würde es zu Lohnverzicht kommen, doch wenn dieser im erträglichen Rahmen bliebe, wäre das hinzunehmen. Wenn dadurch mehr Arbeitsplatzsicherheit zustande käme, hätte das noch einen positiven Nebeneffekt.
Eine sozial und ethisch verantwortungsbewusste Marktwirtschaft, die nur so prinzipiell wirklich frei ist, kann durchaus eine Zukunft haben.

Noch etwas über die Arbeit

Erwerbsarbeit galt und gilt in Deutschland zuerst als reine Männersache. Gehen wir hierzu 54 Jahre zurück.
Ab 1955 entfaltete das sogenannte Wirtschaftswunder im Westen seine volle Kraft. Für alle Männer, die Arbeit haben wollten, war auch welche da. Die Frauen sollten, dem damaligen Zeitgeist entsprechend, Haus und Kinder hüten. Wollten sie aber arbeiten, brauchten sie bis 1959 die Erlaubnis des Ehegatten. Wollte er nicht, war es Essig mit der Arbeit.
Dann kamen die sogenannten Gastarbeiter. Wie Gäste wurden sie jedoch nicht behandelt. Sie erledigten die Drecksarbeit und in Sachen Arbeitsschutz und Sicherheit galten für sie praktisch nicht dieselben Rechte wie für deutsche Kollegen. Sprachschwierigkeiten wurden geschickt ausgenutzt, um sie über ihre entsprechenden Rechte, die nicht nur für Deutsche gelten, „aufzuklären". Damit nicht genug. Das Arbeitszeitschutzgesetz ist ebenfalls trickreich umgangen worden, wenn es um das Ausnutzen ausländischer Arbeitskräfte ging. Solche üblen Praktiken wurden noch bis in die 1980er Jahre und darüber hinaus fortgeführt und finden z.T. bis heute beispielsweise im Fleischerhandwerk ihre Fortsetzung.
Seit über 30 Jahren gibt es in der Bundesrepublik Deutschland keine Vollbeschäftigung mehr. Ob sie heute wieder neu aufgebaut werden kann, hängt besonders von gutem Willen und Fantasie ab. Hier geht es nicht nur um die Region Ostdeutschland, sondern auch um Ostfriesland und den Bayerischen Wald. Neben der Förderung von Bildungsfernen müssen Frauen mehr gefördert werden, nicht nur, aber auch wegen oft besserer Abschlüsse.
Über den Zustand der Intelligenz beider Geschlechter sagt das nicht unbedingt viel aus, trotzdem markiert es eine weitere Ungerechtigkeit. Geht es nach den oben genannten Abschlüssen, müssen viel mehr Frauen in die Spitzen der Wirtschaft, auch in DAX-Unternehmen. Hier wird es höchste Zeit für Veränderungen.

Geschäftsleitungen werden sich zunehmend Gedanken darüber zu machen haben, wie sie die Vereinbarung von Familie und der Erwerbstätigkeit verbessern können. In unserer noch immer viel zu männlich dominierten Arbeitswelt muss sich hauptsächlich bei ihnen vieles im Denken ändern.

Firmengründungen sind immer noch mehr eine Sache der Männer als die der Frauen. Wer aufmerksam durch unsere Städte und Dörfer fährt, wird das bestätigen. In den Medien werden viel zu wenig Frauen gezeigt, die ein Unternehmen gründen. Alte Rollenbilder aus der Mottenkiste bleiben vom Grundsatz her in Deutschland bestehen.

Berufe in „weiblich" und „männlich" einzuteilen ist immer noch normal. Dass Stellenausschreibungen beide Geschlechter jetzt zu berücksichtigen haben ist gut und schön, aber in den Köpfen hat das noch nicht viel bewirkt. Dass nicht das Geschlecht, sondern das Können entscheidet, hat sich noch zu wenig herumgesprochen. Wenn ein Bauunternehmen Maurer/innen sucht, haben erwerbslose Maurer bessere Karten, den Job zu bekommen, als die weiblichen Maurerinnen. Das verstößt gegen das Gleichheitsgesetz. Ob noch wird, was noch nicht ist?

Seit dem 1. Mai 2009 gilt die erste Stufe der europäischen Freizügigkeit der Arbeitnehmer. Auch wenn die Medien über das Thema schweigen, welche Auswirkungen wird das auf Arbeit und Gesellschaft haben? Ab 2011 tritt die zweite Stufe in Kraft, was geschieht mit den Löhnen hierzulande? Ob das Entsendegesetz dem Lohndruck, der unweigerlich kommen wird, standhalten kann, ist eine berechtigte Frage. Wir werden sehen, es bleibt also spannend und wahrscheinlich nicht nur das.

Fraglos hat sich der Industriestandort Deutschland verändert, er wird auch künftig einer bleiben. Vieles ist uns verloren gegangen, wie die Elektronikindustrie, weil sich vieles heute in anderen Ländern kostengünstiger herstellen lässt. Aber was soll nun aus unserem Land werden, wenn die Industrie keine Zukunft mehr haben kann, weil das Ausland alles (angeblich) besser kann?

Die Bundesrepublik Deutschland wird vielleicht sehr bald nicht mehr Exportweltmeister sein und diesen Ehrentitel dann an China abgeben müssen. Aber bedeutet das nun den Untergang, wenn wir den Pokal weiterreichen?

Gern wird in den Medien von der Wissensgesellschaft berichtet. Weil wir doch so wenig Rohstoffe haben und die Kohle, die wir haben, gibt es kostengünstiger aus Australien. Andererseits gibt es viel zu wenig Studierende, Indien und China haben uns in dem Punkt längst ein- und überholt. Mal abgesehen davon, dass immer mehr junge Leute ohne Schul- und Berufsabschluss dastehen und dass es auch bildungsferne Erwachsene gibt, wie weit ist es nun her mit der „Wissensgesellschaft"? Ist es am Ende nur ein Klub besser Wissender?

Ehrlich gesagt, natürlich werden für höher Gebildete Jobs auch in diesem Land entstehen. Viele werden aber, schon weil sie es attraktiver finden, eine Arbeit im Ausland annehmen. Es sieht so aus, als ob es mit der Wissensgesellschaft nicht so weit her ist, wie es allenthalben erzählt wird.

Sieht es mit der Dienstleistung besser aus? Keine Frage, auch in diesem Bereich entstehen höher qualifizierte Arbeitsplätze. Eine entscheidende Veränderung im Arbeitsleben scheint es zu sein, Dienste zu leisten. Selbst in Behörden, speziell in einer ganz bestimmten, nämlich der Arbeitsagentur, heißen Bittsteller, wie bereits erwähnt, jetzt Kunden.

Jeder wird mal Kunde. Auch beim Arzt oder im Krankenhaus. Denn schließlich zahlen wir pro Quartal eine Praxisgebühr und in der Krankenanstalt zahlen wir für die ersten 14 Tage, die wir dort verbringen. Patienten sind inzwischen ebenfalls zu Kunden geworden, auch wenn den Rest unseres Aufenthaltes die Krankenkasse zahlt. Das Krankenhaus ist zweifelsohne ein Dienstleistungsbetrieb mit all seinen Mitarbeitern, egal auf welcher Ebene.

Neben dem Pflegepersonal und der Ärzteschaft gibt es dort u.a. Köche, Küchenhilfen, Reinigungskräfte, die Liste ließe sich fortsetzen.

Die Dienstleistungsbranche nimmt also zu und so ist es nicht verwunderlich, dass viele Bereiche, die sich früher nie als klassische Dienstleister sahen, auf diesen Zug aufspringen. Dass Krankenschwestern in früherer Zeit Beamtinnen waren, ist heute kaum noch vorstellbar.
Der Zeitungskiosk gehört zur Dienstleistung. Dort wird Wissen verkauft, mal mehr, mal weniger. Zusätzlich verkaufen sie noch Süßigkeiten und Zigaretten. Außer den Printmedien sind auch die elektronischen, also Funk, Fernsehen und das Internet natürlich zur Dienstleistung zu zählen.
Aber sind wir nun ein Volk von lauter Dienstleistern geworden? So absolut, wie sich der Begriff „Dienstleistungsgesellschaft" anhört, ist er jedenfalls nicht. Wäre dem so, könnte fast jeder Beruf in diese Schublade hineingesteckt werden. Beileibe nicht jeder Industriezweig hat damit etwas gemein, es will auch gar nicht jeder Dienstleister sein.
Fakt ist, wir wollen eine Arbeitsgesellschaft sein. Zählen wir aber alle, die in Weiterbildungsmaßnahmen stecken und viele, die in der Statistik heraus gerechnet sind, zu den offiziellen Arbeitslosen hinzu, haben wir ca. acht Millionen Menschen, die keinen Arbeitsplatz haben. Sieht so eine Arbeitsgesellschaft aus?
Weder sind wir ein Volk von lauter wissenden Menschen noch eins der Dienstleistung. Auch eine Arbeitsgesellschaft sind wir nur bedingt. Was uns allen gemein ist: Wir definieren uns über die Erwerbstätigkeit.
Das war in der alten Bundesrepublik genauso wie in der DDR und selbst in Todesanzeigen lebt der Beruf noch fort, der ausgeübt wurde. Alte Berufe sterben aus, neue entstehen, es geht uns die Arbeit so schnell nicht aus.
Es gibt so viel zu tun. Schulen und Straßen sind immer öfter in einem erbarmungslosen Zustand, Kanalsysteme in sehr vielen Gemeinden wären zu erneuern. Im Gesundheitssystem liegt vieles im Argen, wie

auch in anderen sozialen Bereichen, zum Beispiel in den Brennpunkten unserer Städte.
Das sind nur einige Punkte, wo Arbeit noch nicht einmal liegen bleibt, sondern nicht oder zu wenig entsteht. Hier zeigen sich Schwachstellen, die nicht hinzunehmen sind.
Natürlich hilft der Staat in Zusammenarbeit mit der privaten Wirtschaft Schulen, Kanalsysteme und andere Bestandteile der Infrastruktur wieder ins Lot zu bringen. Nur scheinen stets die Gelder nicht auszureichen. Das Versagen von Gesellschaft und Staat wird konkret sichtbar.
In Forschung und Entwicklung Geld zu stecken ist unabdingbar, um auf dem Weltmarkt auch künftig bestehen zu können. Wir haben zu wenig akademisch gebildete Arbeitskräfte. Indien und China sind uns in dieser Hinsicht haushoch überlegen. Unser Land muss sich dieser Herausforderung stellen. Ob es sich in dem knallharten Wettbewerb künftig gut oder schlecht schlägt, wird die Zukunft zeigen.
Was kann die private Wirtschaft dazu beitragen, um die gerade erwähnten Missstände zu beheben und damit Gewinne zu erzielen, die es ermöglichen, mehr Arbeitskräfte einzustellen? Was sich in der Theorie gut anhört, muss in die Praxis umgesetzt werden. Voraussetzung dazu ist jedoch mehr, als allein der gute Wille.

Koloniales Erbe

Das Deutsche Kaiserreich, das 1871 entstanden ist, tat sich mit Kolonien anfangs schwer. Erst in den 1880er Jahren wurde sich dazu durchgerungen, zumeist in Afrika welche zu gründen. Dass am deutschen Wesen die Welt genesen sollte, war eine der vielen an Überheblichkeit nicht zu überbietenden Überzeugungen der weißen Langnasen.

Bei sogenannten „Negerschauen“ wurden Menschen wie Affen im Zoo vorgeführt. In Hagenbecks Tierpark in Hamburg genauso wie im Berliner Zoologischen Garten. Eben da wurde ein afrikanisches Viertel im Stadtteil Wedding geschaffen. Dort existieren bis heute Straßen, die nach den Kolonien benannt wurden oder etwas mit ihnen zu tun hatten.
Als Deutschland den Ersten Weltkrieg verlor, gingen auch alle Kolonien dahin. Hitler wollte sie zurück. Auch er träumte von einem „Platz an der Sonne“ wie einst Kaiser Wilhelm II. Viele Jahre später wurde dieser, nicht gerade glückliche Slogan, vom Ersten Deutschen Fernsehen für eine Glückslotterie übernommen. Wäre ein anderer Spruch nicht passender, auch wenn Glücksspiel nichts mit Kolonien zu tun hat?
Auch wenn es einen Gleichheitsgrundsatz im Grundgesetz gibt, so hat dieser oft nur auf dem Papier Bestand. Im realen Leben ist es mit der gut gemeinten Umsetzung wesentlich schwieriger. Dabei ist es selbstverständlich nicht erlaubt, jemandem eine Wohnung aus rassistischen Gründen nicht zu vermieten. Natürlich ist das den allermeisten Vermietern bekannt, doch viele reden lieber nicht darüber.
Um bei den Vermietern zu bleiben, die meisten von ihnen würden den Vorwurf, rassistisch auf Ausländer zu reagieren, erbost von sich weisen. Das Bild, das vor allem südländisch Aussehende als laut gelten, weil sie eine andere Mentalität als wir haben, hat sich nicht nur bei ihnen festgefressen. Dahinter muss nicht in jedem Fall böse Absicht stecken.
Natürlich ist nicht jeder, der südländisch aussieht, ein lauter Mensch und das Argument mit der Mentalität eine eher angelernte Schutzbehauptung. Doch ist das auch Allen klar, dass dem so ist? Wohl nicht immer.
Es gilt, die deutschen Mieter vor angeblich lauten ausländisch anmutenden Mietern zu schützen. Denn vielleicht ist der so gar nicht deutsch aussehende Mietanwärter hier geboren und kann die deutsche Staatsbürgerschaft nachweisen? Meistens wird es nicht so weit

kommen, diese Frage zu klären. Das Aus kommt wesentlich früher. Meistens jedenfalls.
Trotzdem stimmt es, dass es Deutsche gibt, die hier geboren und aufgewachsen sind und deren Muttersprache Deutsch ist. Es mögen nicht allzu viele sein, doch es gibt sie und sie identifizieren sich dementsprechend.
Es ist nicht nur der Wohnungsmarkt, der vielen vermeintlichen und „echten" Ausländern Probleme bereitet. Ebenso in der Schule und in Ausbildungsbetrieben und auf dem Arbeitsmarkt haben es Menschen, die nicht in unsere Schubladen passen, schwer. Wer in diesem Land darüber nachdenkt, warum wir erst jetzt, nach mehr als 40 Jahren erkennen, ein Integrationsproblem zu haben, kann sich nicht mehr wundern. Denn es passt ins Bild, wie wir eben mit Menschen, die anders als weiße Durchschnittsdeutsche aussehen, bewusst und unbewusst umgehen. Wie beim Beispiel mit dem Vermieter gesehen, sind es nicht einmal in jedem Fall böse Absichten gewesen, die zu der verhängnisvollen Entwicklung der missglückten Integration vom Menschen mit Migrationshintergrund führten.
Ein sehr wichtiger Grund war Gleichgültigkeit, die auf beiden Seiten letztlich bis heute besteht. Berührungsängste und nicht zu vergessen Sprachbarrieren trugen und tragen zur heutigen Lage bei. Würden wir Deutschen das Problem immer noch beiseite schieben, wenn wir genügend eigenen Nachwuchs hätten? Unmöglich wäre das nicht, obwohl: Die Wirtschaft ist doch für den Menschen da und nicht umgekehrt. Wirklich?
In den Medien, egal ob in den neuen oder alten, kommt Rassismus nicht selten mehr oder weniger durch die Hintertür. Oft wird er weder von den Journalisten noch von den Lesern bemerkt, es ist eine subtile Geschichte. Auch wenn es entschuldigend klingt, es ist wahr, wir sind damit aufgewachsen.
Anfang der 1960er Jahre gab es Wandteppiche, auf denen in letzter Konsequenz rassistische Klischees bedient wurden. Dort waren kleine „Negerkinder" mit Baströckchen abgebildet, die dicke Lippen,

große Augen und eine „Negerkrause" auf dem Kopf hatten. Es waren Wandteppiche für Kinder.
Noch in den 1970er Jahren wurde bei weißen jungen Männern, die lange und dazu noch krause Haare hatten, von der „Negerkrause" gesprochen. Heutige „Schaumküsse" wurden damals noch ungeniert „Negerküsse" genannt.
Ebenfalls in den 1970er Jahren kamen Kinderatlanten raus, auf denen der afrikanische Kontinent wiederum mit entsprechenden Klischees ausstaffiert wurde. Auch in der Schule wurde mit zweierlei Maß gemessen. Es war zwar beileibe nicht so, dass Weiße allein einen Aufbau von Zivilisation und Kultur zustande gebracht hätten und dem ist auch in den Schulbüchern Rechnung getragen worden. Sie berichteten über die chinesische Hochkultur sowie über das Reich der Inka in Mittelamerika und über die Baukunst des alten Ägypten. Auch dass die Germanen zur selben Zeit noch auf Bäumen hockten, wurde erwähnt.
Verschwiegen wurde dort allerdings, dass es in Afrika neben der ägyptischen Kultur auch noch zwei weitere wichtige Königreiche gab. Doch hätten sie das Bild vom „Wilden" eventuell durcheinander bringen können. Wir bleiben die Überlegenen, egal ob es stimmt oder nicht.
Deutlich wird dieses, wie zuweilen dummdreist wir über Menschen aus Vietnam reden, wenn wir sie als „Fitschies" bezeichnen. Die Fidschi-Inseln liegen wie Vietnam in Asien. Nur die Stelle ist eine vollkommen andere. Japaner werden bei uns zu „Japsen" und wir titulieren Menschen aus China und Korea immer mal wieder als „Schlitzaugen".
Wieso reagieren viele von uns mal mehr oder weniger böse, wenn nicht weiße Menschen uns als „Langnasen" bezeichnen? Aufregen darf sich lediglich, wer in diesem Sinn eine saubere Weste hat. Manche nennen es natürlich die „weiße Weste". Mit der Farbe Weiß assoziieren wir stets Positives, mit Schwarz stets Negatives und merken dabei nicht, dass wir so malen, wie es angeblich ungern gesehen

ist: schwarz-weiß. Sind wir mal ohne Fahrkarte unterwegs, fahren wir „schwarz." Die weiße Weste ist dann aber futsch.
Versteckten Rassismus gibt es in unserer Alltagssprache mehr als genug, ob sie einem bewusst werden, liegt an jedem Einzelnen und ob sie dann abgestellt werden auch. „Neger" komme von „negro", was gleich schwarz bedeute, sagen die Einen. Das stimme so nicht sagen die Anderen. Fakt ist, dass „Neger" als diskriminierend und somit politisch unkorrekt eingestuft wird. Das ist einfach zu akzeptieren.
Offenen Rassismus gibt es auch. Im Grundgesetz steht, dass kein Mensch wegen seiner Religion, Hautfarbe oder sexuellen Neigung diskriminiert werden darf. Graue Theorie. In der Praxis sieht es anders aus. Selbst Menschen, die perfekt Deutsch können und eventuell hier aufwuchsen, einen hiesigen Pass haben, bekommen den Job, auf den sie sich beworben haben, nicht. Obgleich sie genauso gute Referenzen nachweisen können, wie ihre „normal" aussehenden deutschen Mitbewerber.
Im Erniedrigen der eigenen Spezies sind wir nicht schlecht. Es ist sehr bezeichnend, wie wir mit Menschen umgehen, die einfach nur ihr nacktes Leben retten wollen. Boatpeople, Bootsmenschen also, werden sie auch genannt. „Wirtschaftsflüchtlinge" ist da schon die härtere Gangart, sie zu kriminalisieren.
Auf seeuntüchtigen Jollen sind auch akademisch gebildete Leute drauf. Aus Politik und Wirtschaft ist doch ständig und immer wieder zu hören, dass solche Menschen gebraucht werden. Warum dann diese Abweisung?
Wieder vergessen wir unsere eigene Geschichte. Keine 200 Jahre ist es her, als eine Vielzahl von hungrigen, armen Deutschen von Bremerhaven aus in die USA emigrierten. Selbstverständlich waren auch sie Wirtschaftsflüchtlinge. Viele, die die Überfahrt überlebten, bekamen eine Chance, neu anzufangen und haben sie entsprechend genutzt.

Egal, ob in China oder Deutsch-Ostafrika, dem heutigen Tansania, in puncto Menschlichkeit haben wir uns daneben benommen. Andere Kolonialmächte waren zwar nicht besser, aber zuerst sollten wir vor der eigenen Tür kehren. Die Vergangenheit ist nicht mehr zu ändern. Können wir daraus lernen?

Grundsätzlich ja. Jeder von uns sollte sich anfangs fragen, wie sie oder er behandelt werden möchte. Würden wir einem ebenfalls weißen Fremden in die Haare fassen und fragen, ob sie echt oder falsch sind? Selbstverständlich nicht! Bei Andersfarbigen sieht das nicht so aus. Da wird eher zugelangt.

Ähnlich ist das beim Thema Musik. Nicht jedem Schwarzen liegt sie im Blut und tanzen mag auch nicht jeder. Trommelmusik ist auch nicht bei jedem von ihnen beliebt. Viele von uns gehen mit einer Selbstverständlichkeit davon aus, dass dem aber so ist, und sind von der Wirklichkeit enttäuscht.

Umgekehrt könnten natürlich jegliche anders farbigen Ausländer uns fragen, ob wir deutsche Schlager bzw. Volksmusik lieben. Es wäre doch überaus interessant zu erfahren, wie darauf reagiert würde. In den allermeisten Fällen käme es höchstwahrscheinlich zu mehr oder weniger erstaunten Reaktionen im positiven wie im negativen Sinn.

Im Grunde sind es erschreckend einfache Regeln, die von jedem zu beachten sind. Niemand möchte von wildfremden Personen gerne begrapscht werden, also hat man es selbst genauso bleiben zu lassen. Wer nicht selbst gern in einer Schublade landen möchte, darf es auch bei anderen nicht tun und so weiter und so fort. Es könnten noch viele Beispiele angehängt werden, doch das soll vorerst genügen.

Jeder kann also lernen, sein oder ihr Verhalten zu ändern, es ist meistens nur eine Frage des Wollens. Wahr ist allerdings, dass prinzipiell in jedem Menschen rassistisches Gedankengut in mehr oder weniger großen Mengen vorhanden sein kann, unabhängig von der Hautfarbe, der Religion oder Nation. In der Tat ist zum Schluss niemand davor gefeit, sich rassistisch zu äußern oder gar entsprechend zu handeln. Wem das jedoch klar ist, kann bei entsprechendem Fehlverhalten

schneller zu Korrekturen bereit sein und positive Veränderungen herbeiführen. Es müssen nicht gleich die großen Taten sein, es genügen ganz banale Dinge. Dazu gehört u.a. Zivilcourage. Kein Mensch soll den Helden spielen, wenn es zu rassistischer Gewalt in der Öffentlichkeit kommt und selbstverständlich ist auf den Eigenschutz zu achten.
Ruhiges und besonnenes Handeln ist für jeden möglich. Andere in der Nähe ansprechen, mitzuhelfen Gewalt zu verhindern, verkehrt ist das auf keinen Fall. Viele schauen weg und bedenken viel zu selten, dass es auch sie selbst treffen kann. Diesmal ging der Kelch noch vorüber! Was ist aber, wenn dem einmal nicht mehr so sein sollte?
Zugegeben, es ist für keinen immer leicht, jeden Menschen als ein gleichwertiges Individuum zu sehen. Viel zu tief sitzen die alten Denkmuster in unseren Köpfen. Um diese zu überwinden wäre es wichtig, mit denen zu sprechen, die täglich rassistischer Gewalt ausgesetzt sind, denn sie sind die wahren Experten, wenn es um Rassismus geht.
Das Problem daran ist, dass wohl eher die Wenigsten solche Leute kennen. Bleibt nur noch der Büchermarkt. Wer will, kann fündig werden.

Alles Deutsch?

1945 lag zwar das Land in Trümmern, doch in den Köpfen war noch viel braunes Gedankengut zu finden. Es hat überlebt und pflanzt sich auf sonderbare Weise fort. Die Hoffnung, dass sich der Spuk eines Tages von selbst auflöst, erfüllte sich auch nach über 60 Jahren nicht. Neonazis gibt es deutschlandweit. In Höxter und in Elsterwerda genauso wie in Bayern oder Sachsen-Anhalt. Im Laufe der Jahre hat sich ihr Erscheinungsbild gewandelt. Es ist unauffälliger als früher, was sie keineswegs ungefährlicher macht, im Gegenteil. Kleidungswechsel als Tarnung.

War es früher meistens die Marschmusik aus alter brauner Zeit, sind heute Bands am Start, die mit Rockmusik junge Leute ködern und dabei oft erfolgreich sind.

Die Texte, die dabei Verwendung finden, sind menschenverachtend und rufen zur Gewalt gegen alles auf, was nicht in ihr Schema passt: Ausländer und (immer noch) Juden, homosexuell veranlagte Menschen und Behinderte. Auch vor Mord wird in den Texten nicht zurückgeschreckt.

Wenn Politiker, die einer demokratischen Partei angehören, von einer „durchrassten Gesellschaft" sprechen, ist das ein Skandal und zeigt, wie sehr altes Denken noch in den Köpfen spukt. Das ist die Sprache derer, die immer noch von der „Herrenrasse" und Ähnlichem träumen.

Wahrscheinlich hätten sie es gern nur noch blond und blauäugig, arisch, nordisch, bestimmend. Allerdings sah die Riege um Adolf Hitler genau wie er selbst wenig arisch aus. So richtig blond war da keiner. War das der Neid der Besitzlosen und wieso haben sie sich ihre Haare nicht blond färben lassen? Aber im Ernst: Wer es wagte, sich in der Öffentlichkeit über die NS-Größen lustig zu machen, und sei es nur über die Haarfarbe, bezahlte meistens mit dem Leben.

Überhaupt war der Einzelne damals eher unbedeutend, wichtig war die Gemeinschaft. Mit Letzterer werden nicht nur im Osten junge Leute geködert und da hauptsächlich diejenigen, die sich in der Gesellschaft als Verlierer fühlen. Wer dazu noch ungebildet und männlich ist, fällt am leichtesten auf die Häscher herein, es sind aber auch zunehmend Mädchen dabei. Geringe Lebenserfahrung und viel Unwissen werden schamlos ausgenutzt, um junge Leute zu verblenden.

Dass im Ausland immer noch Spielfilme laufen, in denen Deutsche als dämliche Nazis gezeigt werden, ist weniger schön, aber solange immer noch Ewiggestrige unser Land bevölkern, werden wir damit weiter leben müssen. Natürlich gab und gibt es immer noch Diktatoren, die Hitler und seinen Helfershelfern in gar nichts nachstanden oder nachstehen. Zuerst sind wir aber für unser eigenes Land verantwortlich.

Wenn in Fußballstadien schwarze Spieler mit „Uh, uh, uh“-Rufen beleidigt werden, ist gerade in Internetzeiten damit zu rechnen, dass diese Bilder um die Welt gehen. Höchstwahrscheinlich sind die Verursacher noch stolz darauf. Dabei vergessen sie völlig, dass ihre Vorbilder 1936 weitsichtiger waren als sie. Denn nach außen hielten sich die Faschisten an die Regel, dass Sport eine Völker verbindende Aufgabe hat. Nach dem Spektakel sah die Welt im Deutschen Reich freilich anders aus.

Wie wäre das Leben in Deutschland, wenn tatsächlich alles nur noch Deutsch sein würde? Meinungsfreiheit, das sehr hohe Gut, wäre dahin. Gleichschaltung in allen Medien, das Internet wäre weitestgehend Geschichte. Zugang hätten nur noch die Machthaber im Land. Sie allein würden bestimmen, welche Nachrichten hörbar sind und welche nicht. Alles, was nicht deutsch ist, würde schrittweise verboten oder durch einheimische Produkte ersetzt. Südfrüchte wären natürlich nicht mehr zu haben, was das kleinste Übel wäre. In der DDR gab es auch öfter nur einheimisches Obst.

Nur noch in Deutschland hergestellte Lebensmittel kämen auf den Tisch und in einigen Jahren würden in den Privathaushalten nur noch deutsche Kühlschränke, Radios, Fernseher und Möbel stehen. Selbst die Baumaterialien, aus denen Häuser und Straßen gebaut werden, wären rein deutsche Produkte. Der Handel mit anderen Ländern wäre eingestellt.

Jegliche Kultur jenseits von Deutschland wäre tabu. Volksmusik gäbe den Ton an und für die Jugend wäre Rechtsrock mitsamt der übelsten Texte, die heute noch zu Recht verboten sind, das Maß aller Dinge. In Kino und Fernsehen wären kitschige Heimatfilme oder Spielfilme zu sehen, in denen alles Germanische, Arische, Deutsche bis ins Unerträgliche heroisiert würde.

Ob in den Theatern und Konzerthallen klassische Dichtung und klassische Musik noch gepflegt würden oder kämen sie in den Spielplänen nicht mehr vor? Anscheinend schon, denn damit zu brechen, könnten sich die neuen Faschisten nicht erlauben. Ein kleiner Lichtblick wäre dies in einer sonst eher verödeten, tristen und verrohten Kulturlandschaft.
In Laboren würde es heimliche Versuche geben, den blonden und blauäugigen Menschen zu produzieren. Alles, was anders aussieht oder nicht konform mit der Ideologie ginge, würde verfolgt und ermordet.
Die Rechtsextremen träumen von einem Deutschland, das von aller Welt unabhängig ist. Dass dieses wirtschaftlich wegen der vielen internationalen Verflechtungen allein gar nicht ginge, scheint ihnen unklar zu sein. Schon am Öl würde es scheitern und an den Dingen, die wir verschlafen haben.
Was für die elektronische Industrie gilt, passt ebenso im früher führenden deutschen Schiffbau. Beides wurde zu teuer und kann auf dem Weltmarkt nicht mehr existieren. Das könnte von keiner Macht zurückgedreht werden, wie auch immer sie aussehen möge. Dieser Zug ist endgültig abgefahren.
Der Terror gegenüber Andersdenkenden würde unter rechtsextremer Herrschaft unvorstellbare Dimensionen annehmen. Nicht nur die NPD will die Bundesrepublik Deutschland zerschlagen und einen Staat aufbauen, der mit Recht und Gesetz nichts mehr zu tun hat und in dem Menschenrechte nichts gelten. Binnen kürzester Zeit wäre Deutschland erst vor und dann im Abgrund. Dieses gilt es zu verhindern.
Übrigens: Den „deutschen Gruß" übernahmen die Nazis aus uralter Zeit, nämlich der Antike. Das Hakenkreuz war als Sonnenzeichen in Mittelamerika bekannt. Nazis hatten und haben absolut keine Fantasie. Abkupfern und klauen konnten sie damals wie heute.

Letztes Gefecht?

Nicht nur in den neuen, sondern auch in den alten Bundesländern gewinnen die Linken an Boden. Sie gehen sehr geschickt vor und spielen mit den Ängsten der Menschen. Arbeiten bis 67? Nein! Streichen bei den Reichen? Ja! Sind sie wirklich so sozial, wie sie vorgeben zu sein?

Die alten Genossen und SED-Kader sterben langsam weg, doch auch hier wachsen Neue nach, die am liebsten den Kapitalismus in die Wüste schicken und den Sozialismus neu erblühen lassen wollen. Es schert sie allerdings wenig, wie realistisch ihre Wünsche im wahren Leben sind.

William Churchill sagte einst, dass wer mit 20 nicht links sei, kein Herz habe und wer es mit 30 immer noch sei, habe keinen Verstand. Das stimmt so natürlich nicht, trotzdem wird, wie bei den Rechten auch, zu viel mit Emotionen gearbeitet. Vieles, was menschlich verständlich erscheint, wie die Forderung, bei den Reichen zu streichen, lässt sich, wie gesehen, nicht so leicht in das echte Leben übertragen. Gegen die Rente mit 67 ist grundsätzlich nichts einzuwenden. Es ist klar, dass viele körperlich hart arbeitende Menschen, wie die Krankenschwester oder der Dachdecker, spätestens mit 60 aufhören zu arbeiten. Wer sich aber fit fühlt, soll arbeiten, solange es gewünscht ist. Hier ist mehr Flexibilität möglich, wobei hier in aller Regel natürlich die höher Gebildeten die Nase vorn haben. Geringer Gebildete haben hier das Nachsehen, weil sie im Leben weniger erreicht haben. Hier eine Rente zu erzielen, die einen menschenwürdigen Lebensabend ermöglicht, ist ein Problem, das gelöst werden muss.

Die Linken, wobei nicht nur eine bestimmte Partei gemeint ist, wollen den alten Fürsorgestaat. Übersehen wird jedoch, dass es auf diesem Weg nicht zu den mündigen Bürgern und Bürgerinnen kommen kann, die wir so dringend brauchen. Ein Mehr an direkter Demokratie wird mit den linken Gruppen im Großen und Ganzen nicht zu haben sein. Alles, was in der Tat Fortschritt und positiven Zeitenwandel bedeuten würde, wird von ihnen blockiert und als „neoliberal“ verunglimpft. Was ist aber gegen „neue Freiheit“ zu sagen, die unser Land dringender denn je braucht? Nichts ist dagegen einzuwenden. Neoliberalität mit Marktradikalität zu verwechseln, das können linke Gruppierungen wirklich gut.

Ein radikal von Regeln befreiter Markt kann niemals ein Ziel für Neoliberale sein. Fast allen, denen es um Neoliberalität geht, ist bewusst, wohin die Reise geht, wenn wichtige Normen außer Kraft gesetzt werden.

Jegliche linken Gruppen, allen voran die Partei „Die Linke“ ist daran gelegen, einen scheinbar sozialen Staat zu errichten, der in Wahrheit die Menschen gegängelt und bevormundet. Dass das auch in Teilen der CDU und der SPD absolut ähnlich ist, was an ihrer Politik oft sichtbar wird, stimmt natürlich. Hartz IV ist dafür teilweise ein gutes Beispiel.

Nicht alles ist an Hartz IV schlecht, fördern und fordern ist, richtig angewandt, prinzipiell zu begrüßen. Leider kommt es zu oft zu Fehlentwicklungen, die dazu führen, dass statt Hilfe viele Menschen gegängelt werden. Ob es den Linken hier wirklich darum geht, positiv etwas zu verändern, ist zweifelhaft. Wahrscheinlicher ist, dass mehr Geld für Arbeitslose fließen soll.

Zumindest verbal haben Bündnis 90/Die Grünen, SPD, CDU und die FDP erkannt, dass das nicht der rechte Weg sein kann. Ausnahme: Die Linke. Wieder einmal gelingt es ihr nicht, fortschrittlich zu sein. Rückwärts immer, vorwärts nimmer.

Ob es irgendwann dazu kommen wird, dass sich alle linken Vereine und Gruppierungen in der Partei „Die Linke“ vereinigen werden? Eine Zwangsvereinigung wie damals 1946 von SPD und KPD wird es doch hoffentlich nicht. Aber Spaß beiseite.

In der DDR wurden zwar niemals Menschen in Gaskammern geschickt, aber es sollten 1989 Internierungslager eingerichtet werden, um unliebsame Bürger und Bürgerinnen wegzusperren. Dass Diktatoren, gleichgültig ob links oder rechts, sehr gefährlich sein können,

ist in Nordkorea zu studieren. Weder links- noch rechtsaußen stellen in Deutschland und weltweit eine wirklich vernünftige Alternative dar.
Das letzte Gefecht ist ausgefochten, der Kapitalismus hat sich als das effizientere System herauskristallisiert. Perfekt ist auch er nicht, weil von Menschen gemacht. Auch er kann vielen, die einfach nur leben und arbeiten wollen, den Boden unter den Füßen wegziehen. Millionen von Unschuldigen wurde und wird mit einem Federstrich die Existenz genommen. Wie das geht, hat die Weltwirtschaftskrise gezeigt.
Eine Revolution gab es zum einen in der DDR. Zum anderen hat es sogar eine Weltrevolution gegeben. Sie kam auf leisen Sohlen daher und schmeckte nicht nur den Linken nicht. Ihre Merkmale heißen seit jeher Effizienz und Kostenreduzierung und natürlich technischer Fortschritt. Wozu das alles? Selbstverständlich, um Gewinnmaximierung zu erzielen. Das ist noch ein Grund mehr, den Utopien der Linken und Rechten „Lebewohl" zu sagen.

Hauptsache billig

Mehr oder weniger oft wird, einerseits zurecht kritisiert, dass viele für höhere Löhne und natürlich den Mindestlohn seien, aber stets weniger Geld für den Konsum ausgeben wollten. Darin steckt ein eklatanter Widerspruch. Es kann auch so gesagt werden: Was wir für uns beanspruchen, muss für die Anderen noch lange nicht gelten!
Informationen über Missstände im Welthandel sind heutzutage für fast alle zugänglich, die mehr über die Hintergründe erfahren wollen, was den fairen Handel betrifft. Nur, wer macht das denn schon? Wenn es gemacht wird, ist zu erfahren, unter welch harten Bedingungen z.B. Orangensaft oder Schokolade produziert werden. Ge-

meint sind hier nicht in erster Linie die Arbeitskräfte, die in Deutschland in den entsprechenden Fabriken arbeiten. Es geht um Kinder.
In Brasilien werden sie eingesetzt, um Orangen auszupressen, in Westafrika stampfen sie mit nackten Füßen auf Kakaobohnen. Wenn wir also ein schönes Glas Orangensaft genießen und herzhaft in eine Tafel Schokolade beißen, steckt Kinderarbeit drin. Na dann guten Appetit.
Was machen wir dagegen? Bis auf ein paar Aktivisten, die nicht müde werden, solche Machenschaften anzuprangern, tun wir rein gar nichts. Wir verdrängen es und das machen wir mehr als erfolgreich. Schon haben wir die Ware und tragen sie ohne schlechtes Gewissen nach Hause.
„Kaffee, an dem Blut klebt" war vor gut 30 Jahren eine große Kampagne, die von vielen Dritte Weltläden getragen wurde. Es ging um menschenverachtende Produktionsmethoden in den Ländern, die Kaffee anbauen, ausnahmslos arme Staaten. Männer standen mit der MP im Anschlag und mähten im wahrsten Sinne des Wortes die Arbeiter nieder, die in sengender Hitze nicht mehr weiter ihre Arbeit machen konnten. Nicht nur die Kaffeekonzerne tragen im hohen Maße für solches Handeln eine Verantwortung. Wir haben es mit zugelassen und weggesehen. Das hat weder den Konzernen wehgetan noch uns. Die Rechnung zahlten andere und die waren oder sind sehr weit weg.
In derselben Zeit wurden Berichte bekannt, in denen dokumentiert wurde, warum tonnenweise Weizen im Meer landete. Es ging darum, den Preis oben zu halten, damit die Gewinne sprudelten. „Stopp!" rief kaum jemand.
In Elektronikmärkten werden dutzende Artikel zu absolut tiefen Preisen angeboten. Wir lassen uns nur allzu gern verführen vom Reiz des Sparens, wollen nicht blöd sein, wollen absolut nichts verpassen.
Fragen wir danach, ob das Objekt unserer Begierde unter humanen Bedingungen produziert wurde? Wir greifen zu, bezahlen und dann stecken wir es ein. Fertig.

Ein Großteil der elektronischen Geräte kommt aus China. Neben den Menschenrechten werden auch Arbeitnehmerrechte mit Füßen getreten. Die Geräte sind billig und wären sie hierzulande in Produktion gegangen, wären sie um ein Vielfaches teurer. Falls überhaupt nachgedacht wird, bis hierher geht es noch. Weil es den Geldbeutel berührt. Der Rest wird ausgeblendet.
Vor einiger Zeit wurde in einer Talkshow berichtet, wie T-Shirts hergestellt werden. Sie kommen aus Bangladesh im fernen Asien, einem bettelarmen Land. Produziert werden sie zu echten Hungerlöhnen, 14 Stunden im Akkord ohne freie Tage oder gar Urlaub. Verändert hat das im Kaufverhalten wohl eher nichts. Wahr ist allerdings, dass nicht nur billige Textilien unter miserablen Arbeitsbedingungen hergestellt werden, es trifft auch teure Produkte.
Wenn es schon an der Solidarität mit Arbeitskräften in fernen Ländern mangelt, wie sieht es zu Hause aus? Ehrlich gesagt ist es damit auch nicht weit her. Im Drogeriemarkt nebenan wird der Betriebsrat ausgehebelt. Binnen kürzester Zeit verschlechtern sich die Arbeitsbedingungen der fast ausnahmslos weiblichen Arbeitskräfte. Wichtiger ist, die gute Creme ist billig, das neue Waschpulver war ein supergünstiges Angebot. Ein wahres Schnäppchen. Da war noch dieses ansprechende Schild auf dem stand zu lesen: „Jetzt zugreifen!"
Stimmt die These, dass der Konsument „Hauptsache billig" haben möchte? Gibt es noch andere Gründe?
Zum einen ist nicht zu leugnen, dass die Werbung bewusst mit dem Unterbewussten im Menschen arbeitet und dementsprechend Einfluss auf das Kaufverhalten nimmt. Möglich, dass selbst diejenigen mit gutem bis sehr gutem Einkommen für den Konsum nicht allzu viel ausgeben möchten. Könnte es nicht umgekehrt ebenso möglich sein, mehr für den Konsum auszugeben, wenn das Durchschnittseinkommen größer wäre? Würde dann noch immer alles Teure gehasst oder wäre ein anderes Kaufverhalten denkbar?
Mit Hartz IV sind keine Designerklamotten zu bezahlen, da wird das T-Shirt beim Billigdiscounter für drei Euro gekauft. Bei denen mit

(trotz Vollzeit) geringem Verdienst sieht es nicht anders aus. Im Endeffekt ist es eine Mischung aus Gleichgültigkeit und (nicht) vorhandenen finanziellen Möglichkeiten, die unser Kaufverhalten bestimmen.
Bei den meisten wurde nicht nur die Lohntüte im Lauf der Zeit immer kleiner, es stiegen und steigen auch die persönlichen Belastungen. Wird das Pensum, das die Geschäftsleitung stellt, noch bewältigt und wie sicher ist demzufolge der Job? Was wird mit der künftigen Rente? Reicht sie für ein würdevolles Leben aus oder droht die Altersarmut und wenn, wo liegen die eigenen Versäumnisse?
Persönliche Sorgen sowie die Anonymität nicht nur in den großen Städten lassen wenig Raum, sich für die in vielen Fällen sicher berechtigten Nöte Anderer zu interessieren. Warum soll das beim Einkauf anders sein? Hauptsache billig.

Kultur ist mehr

Auch wie wir miteinander umgehen hat viel mit Kultur zu tun und dass die Zeiten härter geworden sind, wer will das leugnen? Die Rahmenbedingungen haben sich verändert. Zum Teil wird ehrlicher mit ihnen umgegangen. Vor knapp 40 Jahren wurde eine neue Bildungsoffensive gestartet, die sozial Benachteiligten helfen sollte, sich besser zu integrieren. Wie allgemein bekannt ist, hat es nicht geklappt. Heute wird schon eher zugegeben, dass es mit dem Fördern der sozial Schwächeren (eigentlich) zu keiner Zeit wirklich ernst war.
Kultur besteht nicht nur aus Goethe oder Schiller, Mozart oder Haydn und dem Wissen darüber, das in der Schule gelehrt wird. Eine Gesellschaft, die sich als sozial bezeichnet, muss sich auch im Kulturellen daran messen lassen, wie sie mit den Schwächsten umgeht.

Kultivierter Umgang von Mensch zu Mensch hat sehr viel mit Kultur gemein.

Kinder armer Eltern kommen ohne Frühstück in die Schule und das in einem der angeblich reichsten Länder der Erde. Sie, die Eltern, haben nicht gelernt, Prioritäten zu setzen. Das Geld, das sie vom Staat bekommen, wird größtenteils dafür verwendet, Schulden zurückzuzahlen. Vieles geht für Alkohol und Tabak oder auch mal für Plasmafernseher drauf. Den Schaden haben letztlich die Kinder.

Wichtig wäre professionelle Familienpflege bzw. -hilfe, um eben besagte Prioritäten richtig setzen zu lernen. Dazu gehört eine gesunde Ernährung, die auch mit wenig Geld herzustellen ist und beim Nachwuchs selbstverständlich die Vorbereitung auf Schule und Beruf. Zum Nulltarif wird das nicht zu haben sein, es wird sehr teuer und sich nicht kurzfristig rechnen.

Der Philosoph Robert Jung sagte einmal, dass der Mensch immer kurzfristig und nicht langfristig denke und das sei falsch. Er ist längst tot, doch seine These ist in unserer schnelllebigen Zeit aktueller denn je. Jahrzehntelange Vernachlässigung lässt sich aber nicht binnen kurzer Frist beheben. Aus der Kultur des Wegsehens ist eine des Hinsehens geworden- ein kleiner, positiver Lichtblick.

Leider dauert dieser Zustand schon zu lange an, ohne dass sich endlich etwas ändert. Würde vernünftige Hilfe zur Selbsthilfe gewährt, würden viele neue Kraft schöpfen und versuchen, mehr aus ihrem Leben herauszuholen. Elan muss geweckt und nicht immer gebremst werden. Einmal Hartz IV, immer Hartz IV darf so absolut nicht mehr stehen bleiben. Es hätte vor allem niemals so weit kommen dürfen!

Viele zeichnen „die Realitäten“ dafür verantwortlich, dass sich bei den Bildungsfernen, die Hartz IV beziehen, nichts ändern kann. Es ist anzunehmen, dass solche Äußerungen häufig von sehr engagierten und gut bis sehr gut ausgebildeten Menschen kommen. Sie haben nach vielen Rückschlägen aufgegeben. Trotzdem sind Realitäten veränderbar.

Natürlich gibt es auch Kulturlose, die sich auf anderer Leute Kosten ausruhen. Wer arbeiten kann, aber nicht will oder neben der Staatsknete meint, illegal arbeiten zu müssen, sollte gar keine staatliche Unterstützung mehr bekommen. Jeder hat das Recht nein zu sagen, muss dann aber auch mit den Konsequenzen leben.
Dass die staatliche Unterstützung, die dafür gedacht ist, auch Hartz IV-Empfängern Kulturveranstaltungen zu ermöglichen, nicht ausreicht, ist allgemein bekannt. Doch das ist es absolut nicht allein. Wenn alltägliche Bedürfnisse gar nicht oder gerade mal so befriedigt werden, ist für Dichter und Komponisten bei den Erwachsenen keinerlei Raum. Trotzdem könnten ihre Kinder in der Schule etwas über eben diese Kultur lernen und erfahren, wie sie das Leben bereichern kann.
Eine so gut wie verloren gegangene Kultur ist die der früheren Arbeiterklasse. Sie hatte ihre Lieder und war stolz auf die von ihnen errungenen Verbesserungen im Arbeitsleben. Heutzutage ist diese Kultur kaum noch existent.
Von den sogenannten besseren Kreisen ist diese Art von Kultur niemals anerkannt worden. Gern wurde und wird von „Proleten" im dazugehörigen abwertenden Ton gesprochen. Kaum jemand von ihnen würde in deren Stadtteile ziehen. Sie bleiben lieber unter sich und pöbeln weiter. Dass sie sich dadurch selbst diskreditieren, fällt dabei den Wenigsten auf.
An der Diskussion über die Leitkultur, die immer mal wieder in diesem Land geführt wird, ist bemerkenswert, dass sich immer noch alles nach deutschen Vorgaben richten soll. Bei manchen können garstige Erinnerungen aus längst vergangenen Tagen hoch kommen. Übermut tut nicht nur selten gut, zudem besteht die Gefahr, Kultur aus anderen Ländern als minderwertig abzutun. So etwas hatten wir schon mal.

Neue Freiheit

Im Laufe der letzten 100 Jahre haben sich Konventionen mal mehr, mal weniger gelockert. Das Nacktbaden gab es damals auch schon, aber heute ist es keine Sensation mehr. Über Sexualität wird in fast jeder Fernseh-Talkshow geredet, was vor 1968 in solcher Form unmöglich war. So ganz unverkrampft wird mit diesem Thema auch heute noch nicht umgegangen und körperfeindliche Moralvorstellungen sind noch nicht völlig beseitigt.

Auch in der Mode gibt es heutzutage mehr Freiheiten als je in früheren Jahren. Nahezu alles ist erlaubt. Jeder kann, so will es uns das Privatfernsehen weismachen, ein Star werden. Jeder, der sich berufen fühlt und jung ist, kann sich bewerben. Wer es nicht packt, fliegt zwar aus dem Rennen, doch die Möglichkeit, den Versuch zu machen, war gegeben.

In Wirklichkeit haben wie eh und je nur die wenigsten eine echt realistische Chance, als Star groß herauszukommen. Die geringe Lebenserfahrung der in aller Regel jungen Leute wird ausgenutzt und manchmal auch vermarktet. Nach kurzer Zeit ist es mit dem Ruhm allerdings auch wieder vorbei.

Paul Potts, der neue Stern am Opernhimmel, wurde dem Publikum als Handyverkäufer bekannt, der es nach ganz oben schaffte. Jeder, so die Botschaft, kann es schaffen. Dass Potts auch studiert hat, wird jedoch verschwiegen. Wer nur die halbe Wahrheit bringt und den Rest verschweigt, hat nicht gelogen.

Lesben und Schwule müssen endlich standesamtlich oder, wenn es gewünscht ist, auch kirchlich heiraten dürfen. Die jetzt erlaubten, offiziell eingetragenen Lebensgemeinschaften ist ein Schritt in die richtige Richtung, kann aber nicht das Endziel sein. In einer tatsächlich neuen, freiheitlichen Gesellschaft sollte der Spruch vom alten Fritz auch in dieser Hinsicht ernst genommen werden: Jeder werde nach seiner Fasson glücklich. Auf zu neuen, auch „anderen“ Ufern.

Dass niemand aufgrund sexueller Neigungen diskriminiert werden darf, versteht sich für Menschen, die liberal denken, schon von selbst. Jeder muss das Recht haben, Neigungen ausleben zu können, sofern andere nicht beeinträchtigt werden.

Je höher die Bildung, desto eher die Möglichkeit, die beruflich anvisierte Laufbahn selbst frei zu bestimmen. Dieses Recht muss auch für weniger Gebildete gelten, kombiniert mit einer für alle geltenden Pflicht zur Arbeit.

Hartz IV-Empfängern kann die staatliche Unterstützung verwehrt werden, wenn sie eine zugewiesene Arbeit ablehnen. Das ist bei den zu leistenden Abgaben arbeitender Menschen verständlich, geht aber oft an Prinzipien neuer Freiheit vorbei. Wesentlich sinnvoller ist es, ihnen beim Aufnehmen einer Erwerbsarbeit zu helfen.

Fähigkeiten und Stärken sind herauszufinden, um sie später auf dem Arbeitsmarkt zu integrieren. Wer eine Tätigkeit aus freien Stücken ausführt, ist ein Gewinn für den Betrieb, für sich, für alle. Kompromisse müssen natürlich möglich sein, das Leben ist nicht nur ein Wunschkonzert.

Auch die Initiative Neue Soziale Marktwirtschaft (INSM) wird oft verteufelt und ist als „neoliberal“ verschrien. Wahr ist, dass sie beileibe wirtschaftsnah ist, wurde sie doch von Metallarbeitgebern einst gegründet. Sie ist schlimmstenfalls als marktradikal zu bezeichnen. Auch dass sie sich für einen Systemwechsel einsetzt, der unseren Sozialstaat in jetziger Form abschaffen will, ist nicht von der Hand zu weisen, aber in Ordnung.

Wenn Neoliberalismus heißt, erst zu fragen, was jeder Einzelne für den Staat erledigen kann und erst danach fragt, was dieser für Einen tun kann, ist das nicht schlecht. Es bedeutet, für sich und andere Verantwortung zu übernehmen.

Neue Freiheiten sind manchmal auch alte, die eigentlich schon immer hätten gelten sollen, wie die Menschenrechte. Sie gibt es in gesetzlicher Form erst seit 1948. Trotzdem werden diese auch heute noch von vielen Staaten nicht ernst genommen, sprich ignoriert.

Neoliberalismus kann hier Zeichen setzen und Veränderungen einleiten.
Deutschland wird zu Recht angemahnt, wenn es um die Abschiebung von Menschen geht, die nur ihr Recht auf Leben beanspruchen. Es ist klar, dass wir nicht jeden aufnehmen können. Das befreit uns aber nicht davon, humane, akzeptable Lösungen zu finden, wenn es nicht anders geht, mit anderen EU-Staaten zusammen.
Teile von Wirtschaft und Politik reden viel über Neoliberalität und freien Welthandel, sind aber in erster Linie dabei, wenn es um die Abschiebung von „Wirtschaftsflüchtlingen" geht. Dass es in Wahrheit Lippenbekenntnisse sind, entlarvt ihr Handeln. Sind sie doch einzig und allein daran interessiert, ihre Marktanteile, ihre Pfründe und ihren Profit zu sichern.
Die meisten von uns sind auch nicht viel besser. Wir lassen es zu, dass wehrlose Menschen abgeschoben werden. Gleichgültigkeit ist auch hier wieder im Spiel. Weder kennen wir sie persönlich, noch geht es uns selber an den Kragen. Wir haben die freie Wahl und entscheiden uns, nichts zu unternehmen. Es ginge natürlich auch anders, wäre aber unbequem.
Zugegeben, es gibt auch Grenzfälle zwischen marktradikalem und neoliberalem Denken und Handeln. Sollen Arbeitsuchende mit den Betrieben die Löhne völlig frei aushandeln dürfen? Die Betriebe sitzen einwandfrei am längeren Hebel. Eine Freigabe könnte vor allem in Westdeutschland Löhne nach unten korrigieren. Sofern das neue Arbeitsplätze schafft und von den Löhnen immer noch ein menschenwürdiges Leben möglich ist, sind Einwände nicht mehr haltbar.

Deutsch ist schwer, integrieren auch

Das gilt nicht nur für Menschen mit Migrationshintergrund, es laufen mehr als genug Deutsche herum, die ihre eigene Muttersprache nicht gut beherrschen. Wenn in diesem Buch über Bildungsferne gesprochen wird, sind sie genauso wie die ausländischen Mitmenschen gemeint. Für die zweite Gruppe kommen (zu) oft noch größere Sprachbarrieren hinzu, aber Probleme haben beide Gruppen.

Wer sich nicht vernünftig zu artikulieren weiß, wird sehr flink als doof hingestellt. Auch von Wildfremden. Langsam wird jedoch mehr und mehr nach den Hintergründen gefragt, warum es so ist, wie es ist. Schlechtes Deutsch zu sprechen bedeutet schlechte Karten auf dem Arbeitsmarkt zu haben.

Wer aus Deutschland weggeht und nicht gerade die Schweiz oder Österreich ausgesucht hat, muss die entsprechende Landessprache wenigstens in Grundzügen beherrschen. Dies gilt umgekehrt im selben Maße. In den letzten gut 45 Jahren sind hierzulande auch viele in Familien hineingeboren worden, in denen kein Deutsch gesprochen wurde.

Selbst in den 1980er Jahren hat das kaum jemanden gestört. Sie lebten ihr, wir unser Leben. Für Unqualifizierte gab es damals noch leichter Arbeit als heute. Außerdem bildeten sich gerade in den Großstädten eigene Infrastrukturen, Läden, Restaurants und dergleichen mehr. Inzwischen gibt es heimisches Fernsehen via Satellit und die Tageszeitung, wenn auch verspätet, dazu. Warum also sollen lernen Deutsch?

Weil sich der Arbeitsmarkt weiterentwickelte und ihre Art der Arbeit stetig entwertete. Das allerdings wurde ihnen nicht zur rechten Zeit gesagt. Auch die bereits besagte Gleichgültigkeit ließ das Entstehen von Parallelwelten zu. Nun haben wir den Salat (oder den Döner).

Viele brave Mitbürger schlagen die Hände über dem Kopf zusammen, wenn sie der heutigen Jugend zuhören. Was reden unsere späteren Rentenzahler für ein Deutsch? Auch ihr schulisches Wissen ist

beunruhigend, Pisa brachte es an den Tag. Was hier in erheblich großer Schieflage ist, kann ratzfatz Sorgenfalten auf die Stirn zaubern. Ist die Jugend wirklich doof, wahrlich dümmer als die Jugendlichen vergangener Tage?
Weder - noch. Es wurde aber versäumt, den sich geänderten Zeiten Rechnung zu tragen. Integration war nicht nur als die ersten sogenannten Gastarbeiter kamen ein Fremdwort. Es war es auch noch zu Zeiten so, als zumindest Experten wussten, wohin die Reise geht. Entweder schwiegen sie oder wurden nicht gehört.
Die Migranten nur als Opfer hinzustellen wäre zu einfach, das gilt ebenso für Deutsche, die ihre Sprache schlecht sprechen.
Sich anzustrengen und etwas aus dem Leben zu machen ist nun mal das Wichtigste, um in der Gemeinschaft zu bestehen. Wenn jemand das nicht weiß, muss es vermittelt werden. Danach ist aus eigener Kraft zu reagieren. Wird das wider besseren Wissens nicht getan und das über längere Zeit hinaus, müssen Konsequenzen gezogen werden, und wenn es das Streichen von Sozialgeld ist, sind sie selber schuld.
Forderungen, Migranten zurück in ihre ursprünglichen Länder zu schicken, wenn sie sich nicht integrieren wollen, finden rasch Beifall und das ist menschlich nachvollziehbar. Wer nicht will, der hat und wer nicht isst, ist satt, sagt ein Sprichwort. Also ab in den Flieger?
Es muss ja nicht sofort sein. Falls jedoch für einen bestimmten Zeitraum, in dem es fortwährend zu Integrationsbemühungen kommt und sich die betreffende Person standhaft weigert, dann ab ins Flugzeug. Guten Flug noch. Das hat nichts mit dem Gedankengut von Rechtsaußen gemein, die unterschiedslos abschieben wollen. Keiner darf Leistungen erhalten, ohne dafür etwas zu geben, es sei denn, es liegt eine Behinderung oder Krankheit vor, die das unmöglich macht. Selbstverständlich gibt es auch Migranten, die trotz vieler Steine, die ihnen u.a. Behörden gern in den Weg legten, es gepackt haben und sich integrieren konnten. Ganz egal, ob im gastronomischen Bereich oder in anderen Branchen, manche haben sogar studiert und zahlen

wie all die anderen ihre Steuern und Abgaben. Ohne sie wäre die Staatskasse noch leerer, als sie es ohnehin schon ist.
Migranten aus Vietnam haben die meisten akademischen Abschlüsse und ohne koreanische Krankenschwestern wäre die Personalnot in unseren Kliniken noch katastrophaler als jetzt. Ohne die vielen ausländischen Arbeitskräfte bräche die Wirtschaft zusammen. Wir brauchen sie also.
Mit der Integration ausländischer Mitmenschen ist es noch nicht weit her. Es dürfte klar geworden sein, dass sich noch sehr viel im Arbeitsleben, und nicht nur dort, tun muss, um sie nicht weiter außerhalb der Gemeinschaft im Regen stehen zu lassen.
Überhaupt ist an dieser Stelle zu klären, ob nicht manche Worte schon diskriminierend sind, die viele von uns benutzen, wenn es um Schwächere geht. „Sozialschmarotzer" ist ein Wort, das sehr verletzend benutzt werden kann. Ein Schmarotzer bezieht nur von einer Seite Leistungen, so ist die biologische Erklärung. Wenn jemand erwerbslos ist, bekommt dieser Mensch Sozialleistungen und kann vorerst finanziell nichts zurückgeben. Ist sie oder er ein im negativen Sinn „Schmarotzer"?
Das trifft nur auf Leute zu, die sich nicht bemühen, aus diesem Tal wieder herauszukommen, obwohl sie es könnten. Wer sich aber bemüht, wieder in Stellung zu kommen, mag finanziell gesehen ein Parasit wider Willen sein. Menschlich ist das auf keinen Fall zutreffend.
„Unterschicht" kann diskriminierend sein, muss es jedoch nicht. Es kann auch nur die Stellung in der Gesellschaft beschreiben, wo die Betroffenen stehen. Diskriminierend wird es erst, wenn sie dauerhaft aus der Gemeinschaft ausgeschlossen werden und genau da liegt das Problem. Woran werden „sozial Schwache" gemessen und auf wen trifft die Bezeichnung zu? Es sind Menschen, die auch wegen ihrer Umgebung keine oder wenige Möglichkeiten haben, soziale Kompetenzen zu erlernen. Wie gesehen fallen auch sehr gut gebildete in den

Niedriglohnsektor hinein. Sie als „sozial schwach“ zu bezeichnen ist unverschämt.

Es kommt darauf an, wie wir Sprache einsetzen. Selbst wenn über Integration geredet wird, verrät die benutzte Wortwahl oft mehr als gewollt, welche wahren Absichten dahinter verborgen sind oder es sein können.

Behinderte werden inzwischen soweit bemerkt, dass klar ist, dass ihre Integration noch nicht überall gelungen ist. Immerhin ist ein Bewusstsein für ihre Probleme vorhanden, so erhalten ihre Arbeitgeber einen staatlichen Lohnzuschuss. Trotzdem sind noch zu viele Behinderte ohne Arbeit, obgleich auch sie einen großen Gewinn für den Arbeitsmarkt darstellen können.

Sprache im Wandel

Fangen wir mal ganz früh an. Würde ein alter Ritter aus dem Mittelalter aus seiner Gruft auferstehen und zuhören, was wir so erzählen, er würde uns so gut wie gar nicht mehr verstehen. Höchstwahrscheinlich wäre es ebenso, würden wir in 1000 Jahren die dann gültige deutsche Sprache hören.

Was heute beleidigend ist, war vor 200 Jahren normal, nämlich eine Frau als „Weib“ zu bezeichnen. Dem Wort „weiblich“ könnte es vielleicht irgendwann ähnlich ergehen, aber wie soll es dann ausgedrückt werden? Auf diese Frage werden wir die Antwort wohl kaum noch erleben.

Interessant ist auch, wie männlich dominant unsere Sprache ist. Mit dem Wort „herrlich“ verbinden wir niemals etwas Negatives. „Herrliches Wetter“ oder „herrlicher Wein“. Im Wort „herrlich“ finden wir „Herr“ wieder. Positives im Wort „dämlich“ zu finden, geht gar nicht. Dabei stammt es von „Dame“ ab. „Dämlicher Job“ oder „dämlich sein“ drückt nicht gerade Lob aus.

Auffällig sind auch die Berufsbezeichnungen insbesondere von Frauen, wenn sie aus dem Osten kommen. Sie betiteln sich selten z.B. als „Ingenieurin“ sondern wählen meistens die männliche Form. Egal, ob in Frankfurt/Main oder Frankfurt/Oder, im Alltag verwenden wir sehr oft die männliche Form. Wir reden von Lesern und meinen natürlich beide Geschlechter. Die Tageszeitung „taz“ führte das große „I“ ein. Um bei unserem Beispiel zu bleiben, steht bei ihnen „LeserInnen“. Damit sollte neben der männlichen auch der weiblichen Form Geltung verschafft werden. Nicht nur gut gemeint, auch gut gemacht. Trotzdem hat es sich in unserem alltäglichen Sprechen nicht durchgesetzt.
In der heutigen Jugendsprache sind viele Wörter, die mancher mit 40 oder 50 Lebensjahren kaum noch versteht. Einigen Irrtümern dürften auch heutige junge Leute erliegen, mit „meine Alten“ denken sie wahrscheinlich, „etwas Neues“ gefunden zu haben. So haben aber schon ihre Großeltern deren Eltern genannt. Es ist ein „alter Hut.“
Deutsch war in keiner Zeit eine rein deutsche Sprache. Napoleon brachte uns Anfang des 19. Jahrhunderts einen ganzen Schwung von Wörtern mit, die noch heute Verwendung finden. Wer in Berlin am Imbissstand eine „Bulette“ bestellt, nutzt nicht gerade ein deutsches Wort. Der Bürgersteig hieß auch in Deutschland noch bis vor gut 90 Jahren „Trottoir“. Heißt er bald „Sidewalk“ oder bleibt es, wie es jetzt ist?
„Nase“ ist genauso wenig Deutsch wie „Pforte“. „Gesichtserker“ sagt aber kein Mensch mehr, selbst junge und alte Nazis lassen davon ab. „Porta“ ist der ursprünglich aus dem Lateinischen stammende Begriff für unsere „Pforte“.
Auch wenn in Bayern kräftig „gefensterlt“ wird, „Fenster“ ist auch eingedeutscht und kommt aus Frankreich, ebenso das kleine Wörtchen „partout“. Seit einigen Jahren ist Englisch modern und das geht inzwischen so weit, dass deutsche Ausdrücke kaum noch aufzutreiben sind. Sie sind, altmodisch ausgedrückt, weggetrieben bzw. „weggedriftet“.

Interessant ist es, im Elektronikfachmarkt nach Klapprechnern zu fragen. Es kann passieren, dass das Verkaufspersonal auf die Frage keine Antwort weiß. Selbstverständlich sind Klapprechner zu haben, besser bekannt als „Laptops“.

Wir Deutsche neigen in vielerlei Hinsicht zu Übertreibungen. Bei Anglizismen machen wir da keine Ausnahme. Wer etwas auf sich hält, geht nicht nur zu einer bloßen Veranstaltung, nein. Heute heißt das „Event“. Mittlerweile ist allgemein bekannt, dass unser „Handy“ im originalen Englisch nicht das Geringste mit einem Telefon zu tun hat. Diese Dinger heißen im Englischen „Mobile phone“. Mobiles Telefon hört sich für die Mehrzahl hier im Land wahrscheinlich weniger kühl, neudeutsch „cool“ an als „Handy“.

Gayle Tuffts, eine New Yorker Künstlerin, die in Berlin lebt, hat sich besagte Übertreibungen zunutze gemacht und daraus ihr „Denglish“ entwickelt. Sie hält uns mit viel Ironie den Spiegel vors Gesicht und hat eine sehr große Fähigkeit, mit Sprache und entsprechendem Wandel zu arbeiten.

„Stirbt Deutsch aus?“, so lautet eine bange Frage. Sprachexperten gehen davon aus, dass dieses nicht geschehen wird. Jedenfalls nicht in der nächsten Zeit. Es sei denn, wir sterben weg. Aber auch dort sieht es nicht allzu düster aus. Berechnungen gehen davon aus, dass 2050 mehr Deutsche als 1950 leben werden. Bange machen gilt nicht.

Genau das passiert aber in den Medien. Sprache wird geschickt eingesetzt, um uns in ihrem Sinn zu beeinflussen. Das hat sie mehr oder weniger schon immer getan, aber über die Jahre sind die Formulierungen schärfer, aggressiver geworden. Ein Wandel, der gewollt herbeigeführt worden ist.

Wird genau hingehört und hingesehen ist zu merken, wie Menschen am Rand oder außerhalb der Gesellschaft als faule Drückeberger verunglimpft werden. Im Laufe der Jahrzehnte hat sich eine Art Mainstream herausgebildet, in dem der Mensch hauptsächlich nach wirtschaftlichen Aspekten bewertet wird.

Selbstverständlich ist der Mensch hauptsächlich ein Wirtschaftsfaktor. Wir sind, zumindest auf unterer und mittlerer Ebene, immer noch eine Leistungsgesellschaft. Zum Menschsein reicht es aber nicht aus, als „Homo-Öconomicus“ dazustehen. Sprache wird gerade in den Medien, im Gegensatz zu früher, zu oft als Waffe eingesetzt und es wird scharf geschossen.

Arbeitslosigkeit damals, heute und morgen

Die Phase der Vollbeschäftigung ist seit Mitte der 1970er Jahre in den alten Bundesländern, in den neuen Ländern seit 1990 zur Historie geworden. Große Teile von Wirtschaft und Politik sind fest entschlossen, sie zurückzuholen.
In der DDR gab es statt Arbeitslosigkeit Arbeitskräftemangel, der durch „die Abstimmung mit den Füßen“ wie es damals genannt wurde, also durch Flucht in den Westen, verstärkt wurde. Obwohl diese durch praktisches Verriegeln des Landes erschwert wurde, hat sich die DDR von dem Aderlass kaum erholt.
Was des einen Trauer ist des anderen Freud. In der noch jungen Bundesrepublik wurden die Flüchtlinge als Arbeitskräfte im Lauf der Zeit immer begehrter. Sie waren gut ausgebildet und das ist verstanden worden, sich zunutze zu machen.
Zu Zeiten der Vollbeschäftigung fühlten sich die Arbeitskräfte in der Bundesrepublik den Unternehmern gegenüber stark und sehr überlegen, sie waren es auch. Starke Gewerkschaften erzwangen starke Lohnsteigerungen, die Produktivität hatte allerdings das Nachsehen. Die Arbeitgeber waren selbst in den 1970er Jahren zu schwach, um dagegenhalten zu können.
Wurde in diesen Zeiten jemand arbeitslos, wurde bald wieder eine neue Arbeit gefunden. Für die Arbeitskräfte waren das fast paradiesische Zustände, die allerdings nur in Zeiten der Über- und Vollbe-

schäftigung gedeihen konnten. Bis in die 1990er Jahre hinein brauchten sich Erwerbslose meistens kaum Sorgen machen, ob und wie lange sie finanziell vom Staat unterstützt wurden. Für sie wurde gesorgt.

Bekannterweise ist dem heute nicht mehr so. Selbst wer über viele Jahre eingezahlt hat, kann nach einem Jahr ohne Job zum Hartz-IV-Fall werden. Das ist in anderen Ländern nicht anders. Einen kleinen Blick nach Übersee gefällig? In Neuseeland wird nur sechs Monate Arbeitslosenunterstützung gezahlt. Danach ist Feierabend und das in einem Staat, der früher als Sozialstaat auf hohem Niveau galt.

Arbeitslosigkeit ist für die persönlich Betroffenen eine sehr schwere psychische Belastung, nur langsam wird dies auch in der Öffentlichkeit wahrgenommen. Wird ein Mensch nach jahrelanger Erwerbstätigkeit entlassen, wird das als großer Schock erlebt. Es hat stets gut funktioniert und nun das.

Andere versuchen immer wieder, auf dem Arbeitsmarkt dauerhaft Fuß zu fassen, scheitern aber stets aufs Neue, obgleich sie ihr Bestes geben. Ständiger Misserfolg in einer auf Erfolg basierten Gesellschaft macht ebenfalls krank. Im schlimmsten Fall kann es zur zeitweiligen oder dauerhaften Arbeitsunfähigkeit kommen. Menschlich eine große Tragödie, für den Staat in finanzieller Hinsicht ebenso.

Erkrankungen, die aus der Arbeitslosigkeit entstehen, sind für die Betroffenen nicht nur einschneidende Erfahrungen, sie sind auch teuer für die Allgemeinheit. Es kann zu Klinikaufenthalten kommen und auch ambulante Behandlungen gehen richtig ins Geld. Die Gesundheitskosten dürften nicht nur wegen der Löhne, die in dem Bereich gezahlt werden, explodieren. Arbeitslosigkeit ist mit eine Ursache dieser Explosion.

Wie wird die Arbeitslosigkeit morgen sein? Morgen haben wir die Vollbeschäftigung zurück. Zugegeben ein Wunsch, ein Traum oder tatsächlich möglich? Die Geißel der Menschheit endlich besiegt, abgestreift? Derzeit sieht es leider mehr danach aus, dass wir ins Gestern zurückfallen könnten.

In Massenarbeitslosigkeit mit all dem dazugehörenden Elend, wie 1932, als sie in Deutschland ihren Höhepunkt erreichte.
Noch ist Zeit, dagegen anzusteuern. Ohne Reformen wird es nicht gehen und zwar solchen, die selbstverständlich schmerzvoll für die Arbeitskräfte werden müssen, aber danach auch eine heilende Wirkung entfalten können.
Bisher haben Reformen oft sehr geschmerzt, doch wenig geheilt. Das Volk ist oftmals weiter als die Politik. Längst gibt es in vielen Betrieben eigene Bündnisse für Arbeit. Geschäftsführung und Belegschaft ringen um den Fortbestand von Unternehmen und Arbeitsplätzen, sie sind bereit, Urlaubstage herzugeben oder notwendige Lohneinbußen zu akzeptieren.
Dass die Probezeit auf bis zu zwei Jahre verlängert werden kann, ist zeitgemäß und ein wichtiger Schritt, der überfällig war. Nach diesen zwei Jahren ist eine Festanstellung unter exakt denselben Bedingungen wie zuvor möglich.
Gutmenschen haben uns noch niemals in der Geschichte wieder auf die Beine geholfen. Um Arbeitslosigkeit morgen in die Wüste zu schicken, bedarf es einiger Korrekturen. Den sozialen Kahlschlag bedeuten sie mit Sicherheit nicht. Bleiben Korrekturen aus, ist dieser jedoch in Windeseile denkbar. Ist unser Anspruchs- und Besitzstandsdenken noch zeitgemäß oder Neudeutsch: up to date?

Über Ansprüche und Besitzstände

Gerade in der sogenannten Unterschicht ist es trotz oder besser ausgedrückt wegen ihrer vielschichtigen Probleme wichtig, über Anspruchs- und Besitzstände nachzudenken. Denn dass teilweise ganze Generationen keine Erwerbsarbeit kennen und somit schon Oma und Opa nur von staatlicher Unterstützung gelebt haben, ist einfach ein Unding.

Neben den bereits zur Genüge erwähnten Problemen kommt noch die Bezahlbarkeit hinzu. Der Staat hat eine Mitschuld, dass hier im Laufe der Jahrzehnte Fehlentwicklungen entstanden sind, die uns heute allen zu schaffen machen. Befreiung von Arztgebühren, von der GEZ, Zusatzzahlung von Medikamenten nicht zu vergessen. Nur leben wir alle nicht im Paradies, diesem Fantasiegebilde, das es real nicht gibt, sondern auf der Erde. Umsonst sind die Luft zum Atmen und frisches Wasser an der Quelle. Der Rest kostet in aller Regel Geld. Ergo ist es zu erarbeiten.

Dem Staat kommt jetzt die Aufgabe zu, denen, die ihre Ansprüche und Besitzstände wie selbstverständlich einfordern zu sagen, dass das so nicht mehr möglich ist. Zwar fordert der Staat jetzt mehr Einsatz von denen, die Hartz IV beziehen und streicht hier und da Finanzhilfen.

Gerichte ersticken quasi bundesweit an den Klagen, die Hartz-IV-Empfänger einreichen. Sie fühlen sich vom Staat ungerecht behandelt. Welcher Kläger kommt überhaupt auf die Idee, sich zuerst mal selbst zu helfen?

Ein beliebtes Thema sind Zuschläge. Sollen sie besteuert werden oder nicht? Ja und nein. Selbstverständlich sind die Zuschläge der Besserverdienenden nicht zu besteuern. Genau umgedreht ist das bei Geringverdienenden, weil sie weniger im Leben erreicht haben.

Auch niedrig Qualifizierten stehen Zuschläge zu, wenn sie Sonn- und Feiertags oder nachts arbeiten. Hinzu kommen noch Zuschläge für gefährliche Arbeiten und dergleichen mehr. Doch gerade in den unteren Tätigkeitsfeldern darf Arbeit auf keinen Fall zu teuer werden, damit sie weiter nachgefragt werden kann. Deshalb ist es mehr als nur wünschenswert, wenn Zuschläge letztendlich in diesem Einkommensbereich eine Kann-Leistung darstellen, die nicht einklagbar sein darf.

Erkauft würden dadurch eine zumindest mögliche Dauerstellung und somit Perspektiven für weniger Qualifizierte. Übrigens zählen zu dieser Personengruppe nicht nur Ungelernte. Menschen, die eine

Ausbildung auf niedrigem Niveau abgeschlossen haben, gehören natürlich ebenfalls in den Niedriglohnsektor.

Nicht jeder denkt über die Zusammenhänge nach und fordert dann Löhne, die ihrer Produktivität und Qualifikation in keinerlei Weise genügen. Auch die Wertschätzung kann das nicht einfach rausreißen. Aufklärung über die sicherlich oft sehr schwer zu verdauenden Fakten ist hier geboten.

Hilfskräfte ohne jegliche Ausbildung meinen sogar, mindestens 10 Euro brutto pro Stunde verlangen zu können. Ihr wahrer Wert entspricht höchstens 5,50 Euro, um jemanden zu finden, der ihnen Arbeit gibt. Sicherlich gibt es daneben auch Hilfskräfte, die in der Lage sind, ihren Marktwert und damit ihre Lohnhöhe realistisch einzuschätzen.

Was heißt überhaupt „menschenwürdig leben"? Es bedeutet in der heutigen Zeit, ohne existenzielle Not überleben zu können. Für viele Menschen, die ökonomisch gerade mal so dem Durchschnitt entsprechen oder noch weiter unten stehen heißt das konkret, Leben auf einem niedrigen, vertretbaren Niveau ist hinzunehmen. Der Staat kann nur noch die Grundsicherung gewähren. Wer mehr will, muss es entweder selbst finanzieren oder es ist Verzicht angesagt.

Die Zeit üppiger Wohltaten ist dahin. Statt das Anspruchs- und Besitzstandsdenken wenigstens zu hinterfragen, wird weiter wie bisher gemacht. Beispiel gefällig? Gerne!

Mitten in der Weltwirtschaftskrise, der schlimmsten seit 1945, hauen im Herbst 2009 die Putzkräfte ordentlich auf den Putz. Es reicht, sagen sie. Sie stehen permanent unter Zeitdruck, wehren sich verständlicherweise dagegen und wollen bessere Bedingungen in dieser Hinsicht erkämpfen.

Dauerhafter, negativer Stress macht krank, nur ein Narr kann das bestreiten. Viele Hände machen schnell ein Ende, nicht alleine in dieser Branche. Saubermachen ist körperlich schwere Arbeit, ein Knochenjob. Der Kampf um menschlichere Arbeitsbedingungen

wird, wie könnte es anders sein, mit überzogenen Lohnforderungen begleitet.
Um humanere Arbeitsbedingungen zu erreichen, muss der umgekehrte Weg gegangen werden, so sehr es die Reinigungskräfte schmerzt. Bei aller Wertschätzung, mehr als 5 Euro sind einfach nicht zu haben. In Ost und West. Allein auf diesem Weg sind Unternehmen dazu bereit, mehr Leute einzustellen, um damit gleichzeitig die Arbeitsbedingungen menschlicher gestalten zu können.
Damit noch nicht genug. Um von diesem herabgesetzten Lohn leben zu können, dürfte je nach Region die wöchentliche Arbeitszeit verlängert werden. In manchen „reichen" Regionen, wie etwa in Stuttgart oder München wird es bedauerlicherweise nicht ohne staatliche Lohnhilfe gehen können.
Die IG Bau ist die Gewerkschaft, die für Reinigungskräfte mit zuständig ist. Sie scheint vollkommen zu übersehen, dass ihre, Entschuldigung, irreale Lohnforderung, auch die Kunden mit auf den Plan ruft. Was nützt der durchgedrückte Lohn, wenn es dem Kunden zu teuer wird? Arbeit wird nicht mehr nachgefragt oder unter der Hand von ausländischen, günstigen Reinigungskräften erledigt.
Diese sind höchstwahrscheinlich nicht einmal sozial abgesichert, und falls sie dem Deutschen nicht mächtig sind, können sie sich noch nicht einmal vernünftig wehren. Legal ist das nicht, wenn es in Kliniken, Universitäten oder Hotels zu solchen Maßnahmen kommt.
Selbstverständlich ist von unternehmerischer Seite Kriminalität im Spiel, wenn sie auf letztlich unmenschliche Methoden kommen, um dem Wunsch des Kunden nach Sauberkeit gerecht zu werden. Das ist eigentlich nicht mehr hinzunehmen. Nur was sollen sie denn machen, um die Aufträge nicht zu verlieren?
Dass in nahezu allen Branchen in puncto Löhne ein nicht mehr haltbares Anspruchs- und Besitzstandsdenken vorherrscht, liegt nicht allein an den Gewerkschaften. Arbeitgeberverbände haben auch ihren Anteil daran.

Ihre Warnungen vor übertriebenen Lohnforderungen waren richtig, doch versagten sie beim Umsetzen ins reale Arbeitsleben.
Jetzt kommt der Einwand mit den Managern. Geschenkt. Erinnern wir uns an menschliche Verhaltensweisen und ärgern uns, wenn es denn hilft, dass wir nicht an deren Stelle stehen.

Den Schein wahren

Ob heute, ob vor 100 Jahren, gilt es doch, den Schein zu wahren. Schon zu Kaisers Zeiten wusste sich das Bürgertum nach unten hin abzugrenzen. Mit dem Elend, das sich in den Arbeitervierteln der Großstädte zeigte, hatten sie nichts gemein. Sie wahrten den Schein. Denn wenn auch nicht alle, gab es da nicht eine große Anzahl an einflussreichen Menschen, die sehr wohl gewusst hätten, wie das Elend hätte gelindert werden können. Damals gab es wirkliche Hungerlöhne, denn es war eine gängige Einstellung der meisten im Großbürgertum, die Arbeiterschaft als minderwertige Menschen anzusehen. Sie hatten kaum Bildung, was ja stimmte. Niemand von den Verantwortlichen hat damals gefragt, woran das liegen könnte.
Die Wurzeln der typisch deutschen Frage nach Herkunft und nach sozialem Stand liegen jedoch nicht in damaliger Zeit. Sie sind wohl eher aus der Zeit der Zünfte, aus dem Mittelalter. Galt in jener Epoche schon mehr Schein als Sein?
Seit jeher war und ist es Usus in Wirtschaft und Politik, so zu tun als ob. Am meisten, aber nicht allein in Wahlkämpfen wird es sichtbar. Was wird da nicht alles versprochen, nur um später in Regierungsverantwortung zu sein, auf welcher Ebene auch immer. Vieles Versprochene ist „vergessen“ und Schnee von gestern. Das Wahlvolk hat aber ein gutes Gedächtnis.
Wie souverän ist aber das Volk? Wie schon gesehen, ist es nicht allzu weit her damit. Wir haben anscheinend die Macht? Falsch!

Wir haben scheinbar die Macht. Das ist nun mal der kleine, aber feine Unterschied.

Wählen wir tatsächlich die Politiker in den Bundestag oder ist das gar nicht so, wie viele von uns glauben? Es soll, so wurde von einem Experten geschrieben, Politiker geben, die gar nicht von uns ins Parlament gewählt werden. Durch ihren Listenplatz sei ihnen der Sessel dort sicher. Merkwürdig, wurde doch in der Schule anderes gelehrt.

Selbst die Politik hat nicht so viel Macht, wie sie vorgibt zu haben. Hier sei an die Schreibtische erinnert, die Lobbyisten in der Bundesregierung stehen haben. Egal ob es um Lärmschutz oder was auch immer geht, wenn die Wirtschaft Gesetze diktiert, wird noch nicht einmal der Schein einer Demokratie gewahrt. Ein Skandal sondergleichen.

Ein Blick über den großen Teich nach Amiland.: Denn in den USA ist laut Radionachrichten die Krise ausgelöst worden. Aber auch in „good old Germany“ gingen zur selben Zeit Banken pleite. Wurde sie dort zumindest nicht mit ausgelöst? Fragen über Fragen und selten befriedigende Antworten.

Objektive Nachrichten kann es im Kapitalismus nicht geben, denn sie sind eine Ware. Wir erfahren nur über die Katastrophen, die sich profitabel rechnen. Wahrscheinlich fällt es den wenigsten auf, dass immer von denselben Orten berichtet wird. Afghanistan, Naher Osten, USA, um nur die wichtigsten zu nennen. Auch die Formulierungen hören sich auf allen Sendern ähnlich an. Hierbei ist es vollkommen gleichgültig, ob sie privat oder öffentlich rechtlich senden.

Sie werden als „Nachrichten aus aller Welt“ angepriesen, jedoch muss das Anpreisen nicht mit der Realität übereinstimmen. Aber der Schein wird gewahrt.

Geschönte Statistiken gab es schon immer und nicht nur in der untergegangenen DDR. Bei Unfällen, wenn z.B. irgendeine Wolke aus einem Schornstein entweicht und sich über eine Landschaft legt, ist meistens zu hören, dass alles ganz harmlos sei. Zweifel sind ange-

bracht, ob das, was Experten sagen, richtig ist oder die Bevölkerung beruhigen soll.
Atomkraftwerke sind sauber und unschädlich für Mensch und Tier. Warum aber häufen sich Fälle von Leukämie in der Nähe von den atomar betriebenen Anlagen? Soviel auch für friedliche Nutzung der Kernkraft sprechen mag, hier besteht Klärungsbedarf im Interesse einer gesunden Bevölkerung. Ob es zustande kommt, hängt sehr davon ab, wessen Interessen sich eher durchzusetzen verstehen. Die der Kernkraftindustrie oder der Bevölkerung, die in Nachbarschaft zu einem AKW wohnt.
Die AKW-Betreiber sind große Energiekonzerne mit viel Macht und Einfluss, mit einer starken Lobby im Rücken. Zu befürchten ist, dass wirtschaftliche Interessen gegen die berechtigten Anliegen der Bewohner obsiegen werden.
Wer weiter nach Scheinbarem sucht, dürfte sie in Statistiken in rauen Mengen finden. Frei nach dem Motto, keiner Statistik zu trauen, die nicht selbst gefälscht worden ist. Im Fernsehen ist schon manch seriöser Bericht über Schönfärberei bezüglich der Arbeitslosenstatistiken gebracht worden. Fortsetzungen wird es sicherlich geben.

Ein Tag wie jeder andere?

Der Sonntag ist hauptsächlich für die mehr oder weniger streng Gläubigen heilig und das ist zu akzeptieren. Schließlich haben sie das Grundgesetz hinter sich, die ihnen das Recht einräumt, fromm zu sein.
Lärm ist auch nicht gleich Lärm. Das Liebesgestöhne der Nachbarn muss nicht hingenommen werden, werktags nicht und sonntagmorgens in Deutschland erst recht nicht. Das kann sofort zur Anzeige gebracht werden, denn die einzige Behörde, die 365 Tage

im Jahr geöffnet hat, ist neben der Feuerwehr das Polizeiamt, mehr ist nicht drin.
Kirchengeläut kann nicht angezeigt werden, das ist hinzunehmen. Auch sonntags vor 10 Uhr. Ausschlafgelüste hin oder her. Pech, wer dann nicht dabei oder danach erneut einschlafen kann. So ist Deutschland, am Altbewährten festhaltend, ohne zu fragen, ob das heute noch so sein muss.
Kirchgänger wissen genau, wann der Gottesdienst beginnt und sind in der Lage, auch ohne Glockengeläut pünktlich in der Kirche zu sein. Nur weil es schon immer so war, dass die Glocken ihre Schäfchen zum Gebet rufen, hat das nicht auf immer und ewig so zu bleiben.
Schön wäre es ja, aber in diesem unseren Lande wird es nicht so einfach gehen. Obgleich in vielen Branchen auch an Sonn- und Feiertagen gearbeitet wird. Mit aller Selbstverständlichkeit der Welt akzeptieren wir, dass uns die Gastronomie auch sonntags bewirtet. Es ihnen in ihrer jeweiligen Branche gleichzutun wäre natürlich ein Ding der Unmöglichkeit. Die Familie und Freunde gehen vor. Ach so. Haben Arbeitskräfte in der Gastronomie denn weder Familie noch Freunde?
Für Krankenhäuser, Senioreneinrichtungen und andere, die heute in Sozialeinrichtungen tätig sind, sieht es genauso aus, ebenso für Arbeitskräfte, die bei der Bahn, im öffentlichen Nahverkehr oder in Fernseh- und Radiosendern arbeiten. Damit ist die Liste noch lange nicht komplett. Was wäre wohl los, wenn alle, die es für sich selbst total ablehnen, Sonn- und Feiertags zu arbeiten an solchen Tagen ohne Strom in ihrer Wohnung säßen? Sie würden anscheinend ziemlich dumm aus der Wäsche gucken.
Die Debatte um Sonn- und Feiertagsarbeit ist sehr verlogen, das oben genannte Beispiel demonstriert das ganz deutlich. Was eben noch den Anderen zugemutet wurde, nämlich an Tagen zu arbeiten, an denen es angeblich nicht attraktiv ist, Geld zu verdienen, kommt für

einen selbst niemals infrage. Wesentlich besser wäre es, es ihnen gleich zu tun.
In Wahrheit gibt es keine unattraktiven Arbeitszeiten. Es ist gar nicht einzusehen, warum nicht an jedem Sonntag eingekauft oder alle Behörden aufgesucht werden können. Weshalb hat eine Bürokraft wie selbstverständlich nicht nur samstags, sondern auch sonntäglich immer frei, während eine Putzkraft im Hotel öfters an ganzen Wochenenden arbeitet? Alle Branchen sollten sich für die Sonntagsarbeit öffnen.
Der Hauptgrund, weshalb der Sonntag möglichst frei von Arbeit bleiben sollte, ist wie stets das Geld. Der allseits geliebte Sonntagszuschlag fiele weg, denn würde er zum Werktag, wäre es damit natürlich vorbei. Ein positiver Nebeneffekt wird hierbei übersehen. Mehr Menschen würden beschäftigt, weil sie günstiger zu haben sind.
Es spricht absolut nichts dagegen, diesen alten Zopf aus alten Zeiten endlich abzuschneiden. Mag die kirchliche Lobby noch so stark sein, die Weltwirtschaft wird den längeren Atem haben. Es ist keine Frage, ob der Sonntag zum Werktag wird, sondern wann. 365 x 51 x 24 lautet die Formel. Gehandelt wird an 365 Tagen, in 52 Wochen, 24 Stunden am Tag. Der moderne Welthandel wird Fakten schaffen, wir sollten darauf eingestellt sein.
Genau das sind wir aber nicht. Wir haben Angst, ob bei einer so absoluten Freigabe des Sonntags uns nicht die sozialen Kontakte wegbrechen werden. Diese Sorge ist menschlich nachvollziehbar, keine Frage. Es wird viel Organisationstalent bedürfen, um hier entgegenzusteuern. Wo ein Wille ist, ist auch ein Weg. Soziale Kontakte beizubehalten wird schwieriger, jedoch nicht unmöglich.
Auch wenn künftig der Stellenwert des Wochenendes, insbesondere des Samstagabends geringer werden wird, muss für Arbeitskräfte, die 40 bis 60 Stunden pro Woche arbeiten, eine Auszeit von ein bis zwei Tagen garantiert sein.

Kein Mensch, der ethisch und doch auch ökonomisch denkt, wird die Notwendigkeit von vernünftigen Erholungsphasen bestreiten. Sie sind wichtig für die Wiederherstellung der Leistungskraft einerseits und für das Pflegen sozialer Kontakte andererseits.

Nehmen wir zwei Tage pro Woche, sind das 104 freie Tage im Jahr, ohne Urlaub und Feiertage mitzurechnen.

Bei Letzterem wäre noch etwas zu machen. Früher ging das, denn vor mehr als 100 Jahren gab es den dritten Weihnachtsfeiertag. Heute ist der 27. Dezember selbstverständlich ein ganz normaler Arbeitstag. Was damals möglich war, nämlich das Streichen eines Feiertages, darf in heutigen Zeiten nicht tabu sein. Künftig muss ein einziger Weihnachtsfeiertag nach dem 24. Dezember genügen. Ostern und Pfingsten bieten auch noch Potenzial, um aus uralten Feiertagen endlich Werktage zu machen. Oster- und Pfingstmontag dürfen fallen.

Die Berliner Humboldt-Universität hat ihre Uni-Bibliothek jetzt auch sonntags geöffnet. Ein Schritt in die richtige Richtung, von dem noch sehr viele Hochschulen allzu weit entfernt sind. Früher boten ganz normale Schulen Sonntagsunterricht an. Gerade für die Verbesserung der Bildung muss über eine Wiedereinführung der Sonntagsschule wenigstens nachgedacht werden. Es ist noch nicht einmal in der aktuellen Diskussion.

Noch ist es in diesem Land mit einer CDU in der Bundesregierung unmöglich, entsprechende Reformen einzuleiten. Die ebenfalls beteiligte FDP wird kaum dagegen ansteuern können, selbst wenn sie es wollte. Doch ist das nicht die einzige Blockade, unter der Deutschland leidet.

Gesundheit als Ware?

Seit Ewigkeiten ist davon die Rede, dass unser Staat viel zu bürokratisch aufgestellt ist. Die Wirtschaft beklagt sich über zu viel bürokratischen Schreibkram, das Pflegepersonal unserer Kliniken über zu viel Dokumentationspflichten. In den meisten Fällen ist die Kritik sicherlich angebracht, gerade in Krankenhäusern hat sich das Arbeitsvolumen verdichtet, wobei gleichzeitig Personal abgebaut wurde. Dadurch wurde eine echte Pflege blockiert. Patienten werden weniger als Mensch denn als Fall gesehen.

Wie bereits angemerkt sind Patienten auch Kunden und dass sie in fast aller Regel auch zu Nummern mutieren, liegt an der dauernd vorhandenen Überbelastung der Pflegekräfte und der ebenso über Gebühr belasteten Ärzteschaft. Mit einer der Gründe, warum das so ist, wie es ist, sind die zumindest in ehemals städtischen Häusern noch oft zu hohen Gehälter einerseits und die immer wichtiger werdende Gewinnmaximierung andererseits. Letztere birgt natürlich eine große Gefahr, Gesundheit zur Ware werden zu lassen, wenn sie es nicht längst schon ist.

Karl Lauterbach von der SPD hat recht, wenn er, wie in seinem Buch beschrieben, von der medizinischen Zweiklassengesellschaft spricht und als Arzt weiß er, wovon er redet. Aber geschieht es vielen, die im Leben wenig erreicht haben nicht recht, wenn sie in der Gesundheitshierarchie ganz unten stehen? Haben Studierte nicht ein Recht auf bessere gesundheitliche Behandlung wegen der von ihnen erbrachten Lebensleistung? Hilfskräfte, die nicht richtig lesen und schreiben können, sollen dieselbe medizinisch angebrachte Leistung bekommen? Haben sie sich das überhaupt mit eigenen Händen erarbeitet?

Selbstverständlich nicht. Bekommen sie aber von der Armprothese bis zum Zahnersatz jeweils die zweite Wahl, geht die natürlich schneller kaputt, was wieder Kosten verursacht, die alles noch viel teurer machen. Trotzdem ist die Zweiklassenmedizin längst vorhan-

den und das entspringt einer menschlichen Verhaltensweise, sich aus der Masse zu erheben. „Wer kann, der kann“, das sagte schon Karl Valentin.
Ganz wird sie also niemals wegzubekommen sein. Es muss ja nicht immer der Chefarzt die Behandlung übernehmen. Wer weiß, ob ihm eventuell schon die Hand zittert, weil er bereits 69 Jahre alt ist, wenn er das Skalpell ansetzen will?
Unsere Gesellschaft ist überaltert und sie wird sich in den kommenden Jahrzehnten nicht mehr die noch optimale medizinische Versorgung leisten können. So ist von Vertretern der privaten Krankenversicherungen (PKV) zu hören. Das leuchtet zuerst ein und hört sich kompetent an.
Aber woher wissen die Versicherungsvertreter überhaupt, wie es z.B. in 20, 30 oder gar 50 Jahren aussehen wird und inwieweit sind solche Berechnungen seriös exakt zu berechnen? Wohl kaum, denn ähnliche Statistiken vergangener Jahre haben sich sehr oft als Irrtümer erwiesen.
Wie sehr sich jeder selbst der Nächste ist, konnte im November 2009 beobachtet werden. Bundestagsabgeordnete sind anscheinend in der Lage, sich besser vor der Schweinegrippe zu schützen, sofern sie einen besseren Impfstoff als der Rest der Bevölkerung erhalten. Dementis sollen von der Politik bereits eingetrudelt sein. Das macht sich besser beim Wahlvolk und ist taktisch nicht unklug. ...

Staatliche Blockaden

Es gibt viele Kriterien, die sehr leicht den Eindruck erwecken, dass wir in einem blockierten Staat leben. Der Bundesrat kann in sehr vielen Fällen seit 1969 Gesetze blockieren und Sinnvolles blitzschnell zunichte machen. Auch am Modell des Konsenses wird Kritik geübt. Bisweilen gibt es so viele, die etwas Wichtiges zu entscheiden haben, wie es Meinungen gibt, heißt es. Konsens ist nicht unbedingt Nonsens, sofern er nicht übertrieben wird. Deutsche sind für ihre Gründlichkeit bekannt. Krasser gesagt, wir neigen zu Übertreibungen.

Ein Beispiel von vielen soll dieses verdeutlichen: Wir haben in der Bundesrepublik Deutschland 16 (!) Bundesländer, obwohl, so die Meinung von Experten, neun bis zehn genügen würden. Jedoch haben sie die Rechnung ohne die Ministerpräsidenten gemacht und die Landesfürsten lieben ihre Macht. Sie kleben an ihr richtig fest. Zudem hat Kleinstaaterei in Deutschland Tradition. Damit zu brechen fällt nicht nur ihnen außerordentlich schwer. Uralte Trampelpfade bleiben erhalten.

Freilich werden die Kosten sehr gern übersehen. So ist z.B. das Saarland allein gar nicht überlebensfähig. Bremen, das kleinste Bundesland, warb noch in den 1970er Jahren damit, zusammen mit Bremerhaven einen „Zweistädtestaat“ zu bilden. Faktisch ist das Land heute pleite.

Dass es den ARD-Sender Radio Bremen überhaupt noch gibt, der schon vor mehr als 30 Jahren in den NDR übergehen sollte, grenzt an ein Wunder. In Teilen ist dieses schon mit dem 2. Hörfunkprogramm vor einigen Jahren geschehen und der Sender büßte einen Teil seiner Eigenständigkeit ein.

Die Bremer waren als Hanseaten immer stolz darauf, unabhängig zu sein. Wer das öffentlich in der Bürgerschaft, dem Sitz der Regierung, bezweifelt, kann sich sehr schnell unbeliebt machen. Aber Zeiten ändern sich.

Das Bremen, Hamburg, Niedersachsen und Schleswig-Holstein sowie Mecklenburg-Vorpommern noch keinen Nordstaat gebildet haben, ja das hat mit der Konsensfalle zu tun. Hier erleben wir explizit den blockierten Staat. Dasselbe gilt für Thüringen, Sachsen und Sachsen-Anhalt, für Berlin und Brandenburg. Veränderungen sind hier kein Thema. Ebenso wenig in Hessen, Rheinland-Pfalz sowie im Saarland. Wirklich eigenständig können nur die „Südstaaten“ sein,

also Bayern und Baden-Württemberg sowie das von der Zahl der Einwohner größte Bundesland Nordrhein-Westfalen. Immerhin wohnen dort rund 17 Millionen Leute.
Wie kann es angehen, das Bildungsabschlüsse nicht in jedem der 16 Bundesländer anerkannt werden? Wer in Flensburg Abitur macht, hat in Rosenheim ein Problem. Viele Berufskarrieren wurden zur Zeit der Wende bewusst zerstört. Eine Vielzahl von Abschlüssen aus der DDR wurden im „wiedervereinigten" Deutschland absolut nicht anerkannt. Wieder einmal ein Beispiel, wie nicht nur der Wirtschaft, sondern auch Menschen geschadet wird.
Kultusministerkonferenzen sind ein großes Reizwort für einige Wirtschaftsjournalisten. Sehen sie doch hierin eine der größten Blockaden zum Schaden unserer Republik. Ganz unrecht haben sie nicht. Besser wäre ein Bildungssystem, das deutschlandweit gilt und Blockaden beseitigt. Ob die Kultusminister dort mitspielen, ist zu bezweifeln. Machtverlust droht. Dann sind sie lieber die Spielverderber.
Auch die Bundeshauptstadt lässt Volksentscheide zu, so konnte über den weiteren Verlauf des Flughafens Tempelhof abgestimmt werden. Trotzdem gab es einen großen Wermutstropfen: Die Entscheidung war für die politische Klasse nicht bindend. Wozu teure und vom Steuerzahler finanzierte Befragungen, wenn ihre Meinung am Ende gar nicht zählt? Die Volksbefragung wird zur Farce, die Blockade ist nur scheinbar aufgehoben. Welch Wunder, das sich viele von Politikern abwenden, auch wenn sie sich für Politik an sich interessieren?
Wenn hier im Land geborene und aufgewachsene Journalisten, die natürlich ohne Akzent Deutsch können, aber eben keine weiße Haut haben, nicht als Nachrichtensprecher im Fernsehen zugelassen werden, liegt eine Blockade vor, die obendrein rassistisch zu nennen ist. Immer noch werden, wie vorher beschrieben, Menschen trotz aller Appelle daran gehindert, Karriere zu machen, nur weil sie eben nicht aus den besseren Gegenden kommen. Doch das ist es absolut nicht allein.

Wer auf Vornamen wie Kevin oder Sandy hört, hat schon wegen des Vornamens ein Problem, z.B. Designer zu werden. Denn hat es mit dem Studieren geklappt, wird es für Sandy und Kevin sehr schwer, sich auf dem Arbeitsmarkt zu behaupten und eine Anstellung zu finden. Zum einen sind diese Namen in den „besseren" Kreisen so gut wie gar nicht zu finden. Sabine und Thomas schnappen ihnen schon eher den Designerjob vor der Nase weg. Zum anderen lehren Universitäten nicht, nach welchen Verhaltensmustern und Regeln die gehobene Gesellschaft funktioniert.
Mangelnde Kenntnisse in diesem Bereich führen sehr schnell zu Blockaden, die Kevin und Sandy den Weg nach oben versperren. Es wird ausgenutzt, dass sie nicht „aus demselben Stall" kommen. Thomas und Sabine haben ihnen das aber voraus. Von Kindesbeinen an wurden sie darauf vorbereitet zu funktionieren, wenn sie sich „in feiner Gesellschaft" befinden, haben es sozusagen „mit der Muttermilch aufgesogen."

Amtsträger und Bürokratie

Zunächst eine kleine Reise in kaiserliche Zeiten: Im Jahr 1906 war es beileibe nicht für jeden leicht, einen Pass zu beantragen und bedurfte einiger Raffinessen. Die Geschichte des Hauptmanns von Köpenick steht dafür Pate. Was hatte der arme Kerl für eine Odyssee hinter sich, als er endlich sein begehrtes Dokument in seinen Händen hielt. Seine Verkleidung als Hauptmann wurde zum Schlüssel zur Erreichung seines Ziels. Als einfacher Schuster wäre er wohl erfolglos geblieben.
Selbst wenn Uniformen heute nicht mehr so viele Türen öffnen als zu wilhelminischer Zeit, nach der Legitimation wird selbst 2009 nicht immer gefragt, trotz der Erfindung des Dienstausweises. In

diesem Sinn ist Bürokratie nicht die schlechteste Erfindung. Es gilt zu unterscheiden.

Selbstverständlich hat die Wirtschaft meistens vollkommen recht, wenn sie eine überbordende Bürokratie beklagt. Diese Klage ist (sicher nicht nur dem Autor) bestimmt vielen Arbeitnehmern zu Ohren gekommen. Besonders glaubwürdig ist sie, wenn die Klage von unterschiedlichen Unternehmen kommt, also unabhängig von der jeweils anderen Firma ist.

Bürgernähe ist ein blendendes Wort in zweierlei Hinsicht. Kann es doch zuerst Positives ausstrahlen, sich blendend anhören und in negativer Sichtweise Menschen blenden. Amtsbriefe haben nach wie vor ihre bürokratisch formulierte Sprache, unverständlich, Obrigkeits- statt Bürgernähe. Ein Staatsdefizit nicht allein in finanzieller, sondern auch in menschlicher Hinsicht. Denn machen wir uns nichts vor, in Behördenanschreiben geht es auch oft um das liebe Geld.

Steuererklärungen sind nicht nur unbeliebt, weil dem Finanzamt eventuell einfällt, wo noch Steuern nachträglich eingetrieben werden können. Wieder ist es die Sprache, die es den Ehrlichen und Unehrlichen schwer macht, die Bescheide auszufüllen. Nah am Menschen? Keineswegs, aber von Menschen gemacht! Experten, die genau wissen, wie und was sie tun. Schreiben im entsprechend verschrobenen Deutsch hat System.

Wir sehen, Obrigkeitsdenken ist in den Amtsstuben noch lange nicht ausgestorben. Denn die Art und Weise, wie dort die Briefe verfasst werden, spiegelt das wahre Verhältnis zwischen den Amtsträgern und den Bürgern wider, wobei die Sekretärinnen am Ende der Kette stehen, ausführende Organe sind, vergleichbar mit der Streifenpolizei, die auch nur ihre Arbeit macht.

Deutsche Bürokraten haben Übung im verklausulierten Schreiben. Etwa zwei Drittel von Gesetzestexten weltweit sind auf Deutsch. Reguliert wird so ziemlich alles, was im Alltag anfällt, sei es die vorgeschriebene Höhe von Lichtschaltern in Privatwohnungen oder was auch immer.

Bevor wir uns in vielen Fällen sicher zurecht aufzuregen, kann es hilfreich sein zu fragen, wie der oft schwerfällige Apparat entstanden ist. Zuweilen werden aus Eingaben von Menschen, die sich durch irgendeinen Tatbestand gestört fühlen, manchmal auch Gesetze. Am schneckenhaften Tempo des Staatswesens haben wir manchmal auch selbst mitgewirkt.
Die Bürokratie zu verringern bleibt auch deswegen oft eine nur schwer zu erfüllende Aufgabe. Was dort abgebaut wird, wird da wieder aufgebaut. Denn der Wunsch, Bürokratie zu verringern, existiert seit vielen Jahrzehnten. Selbst wenn es fast immer Wünsche und Träume bleiben, das Verringern von bürokratischen Hürden soll auch schon gelungen sein. Wo? Schwierig zu sagen, was Aktuelles angeht. In der jüngeren Geschichte gibt es schon etwas.
Bis zum Herbst 1989 konnte keiner aus der damaligen BRD spontan Verwandte in der DDR besuchen. Bevor es „nach drüben" ging, war ein Wust von Zetteln auszufüllen und erst, wenn die DDR-Behörden einwilligten, ging die Reise los. Heute ist das glücklicherweise vorbei und für die jungen Leute, die unter 20 sind, kaum noch vorstellbar.
Egal zu welcher Epoche, die Vorgehensweise der Amtspersonen den Antragstellern gegenüber war zu allen Zeiten problematisch. Es gibt sicherlich auch Beamte und andere Mitarbeiter in unseren Ämtern, die sich gegenüber ihren Kunden korrekt und hilfsbereit zeigen und sich dementsprechend verhalten. Leider ist das auch heute noch nicht in jeder Amtsstube der Fall.
Dies betrifft hauptsächlich die Sozialbehörden. Inkompetente Sachbearbeiter scheinen dort des Öfteren ein Nest zu haben und scheren jeden Kunden über einen Kamm. Mehr als deutlich wird demonstriert, wer oben und wer unten steht. Zwar können solchen Mitarbeitern Klagen drohen, aber der Weg zur Gerechtigkeit ist lang.
Bei den Behörden sieht es, was Personal betrifft, ebenso aus wie in den meisten Bereichen der Wirtschaft auch. Zu wenig Leute, Stellenstreichungen und dadurch bedingt immer mehr Arbeit, die auf den

Schultern Einzelner lastet. Dazu kommt die - angeblich - wesentlich zu niedrige Bezahlung. Treten diese Probleme, was oft der Fall ist, geballt auf, ist Frust vorprogrammiert und so kann selbst der fähigste Mitarbeiter gegenüber den Kunden und Kundinnen ungerecht werden. Zudem ist die Kundschaft selbst in mannigfache Schwierigkeiten verstrickt, was die Lage ebenfalls nicht leichter macht.

Reisen einst und heute

Die alten Germanen dürften meist zu Fuß unterwegs gewesen sein, obwohl das Rad schon erfunden war. Mit der Postkutsche war das schon etwas bequemer und als das Fahrrad im 19. Jahrhundert auf den Markt kam, war es noch eher ein Laufrad; Pedale und Kette kamen erst später. Die ersten Automobile sahen Kutschen noch in vielen Dingen sehr ähnlich. Wer es sich leisten konnte, ein solches Gefährt zu fahren, gehörte zur Oberschicht.
„Kraft durch Freude" war von den Nationalsozialisten ins Leben gerufen worden, um praktisch jedem eine Reise zu ermöglichen. Schiffsreisen zum Beispiel.
Die Autobahnen, die gebaut wurden, dienten letztlich für Reisen ganz anderer Art. Zuerst fuhren am 1. September 1939 deutsche Panzer auf ihnen, um Polen und andere Länder zu überfallen und danach fuhren die Panzer der Siegermächte auf ihnen, allerdings in entgegengesetzter Richtung.
Unzählige Flüchtlingszüge waren damals wie heute auch unterwegs, beileibe nicht zum Vergnügen, sondern um zu überleben. Viele sind im Winter 1945 erfroren oder ertranken, als sie mit der „Gustloff" über die Ostsee nach Westen flohen. Eine bittere Wahrheit.
Als sich in der Bundesrepublik in den 1950er Jahre immer mehr Wohlstand bildete, kamen Auslandsreisen in Mode. In den meisten Fällen holte Vati das Auto aus der Garage, wienerte es und dann ging

es ab nach Italien, diesmal in ganz friedlicher Absicht. Vor wenigen Jahren war das noch anders.
Ab 1970 stiegen die Löhne immer stärker an und somit stieg die Lust, nicht mehr nur nach Italien, Jugoslawien, Frankreich oder Spanien zu fahren. Das Flugzeug wurde als Transportmittel entdeckt und immer beliebter. Zugegeben, mancher flog jetzt nach Spanien oder auf die ebenfalls spanische Insel Mallorca. Später lockten die ebenfalls spanischen Inseln im Atlantik.
Mit den Löhnen wuchsen auch die Urlaubsansprüche. Noch vor gut 50 Jahren gab es nur drei Wochen Urlaub, heute sind wir auf Platz drei, was die Urlaubstage betrifft, vor uns liegt Schweden und hinter uns Italien. Durch diesen Zeitgewinn konnten es sich in Deutschland immer mehr Menschen leisten, größere Fernreisen zu unternehmen.
Es ging nach Indien, Sri Lanka und in die USA. Selbst Reisen nach Australien oder Südafrika wurden für viele erschwinglich. Trotz Krise sind wir noch immer Weltmeister im Verreisen. Die unschöne Seite, dass so ein Flieger auch eine große Menge Dreck in die lebenswichtige Atmosphäre pustet, wird meisterhaft von uns verdrängt. Schließlich geht es um die schönste Zeit im Jahr und die lassen wir uns nicht vermiesen.
Sollten wir doch einmal zu uns selbst ehrlich sein, was selten genug vorkommt, ist uns die Sachlage klar. Was tun wir dagegen? Nichts natürlich. Schließlich gibt es noch viel Schlimmere als uns. Geschäftsleute und, na klar, Politiker natürlich. Diese verpesten die Luft noch viel schlimmer als wir! ...
Der Reisemarkt schafft auch Arbeitsplätze. Der Flieger muss doch in die Luft und dafür sorgt das entsprechende Fliegerpersonal. Die gute Frau oder der gute Mann vom Reisebüro will auch leben und die Verlage, die ihre Prospekte drucken ebenso. In den mehr oder weniger guten Hotels am Zielort wollen die Arbeitskräfte nicht nur uns zu Diensten sein. Auch sie wollen leben und haben für ihre Familie zu sorgen.

Das ostafrikanische Kenia wird als Urlaubsland immer beliebter. Lange, weiße Strände und der tropisch warme Indische Ozean und Safaris sind heiß begehrt. Die Hotels sind nicht nur sauber und bieten eine meistens äußerst gute kulinarische Verpflegung. Sie sind dank niedriger Löhne vor Ort günstig zu haben.
Wird eine Arbeitskraft, die uns im Hotel verwöhnt, einmal krank, zahlt der Arbeitgeber den Lohn während der Erkrankung weiter, weil die Arbeitskräfte krankenversichert sind. Das finden wir diesbezüglich verwöhnten Deutschen toll.
In Kenia wird an sechs Tagen in der Woche gearbeitet, also 48 Stunden und es gibt ganze drei Wochen Jahresurlaub, in dem der Arbeitgeber den Lohn weiterlaufen lässt. Beim Ausscheiden aus dem Unternehmen muss dieser auch nicht von der Arbeitskraft zurückerstattet werden, wenn sie den Betrieb, egal aus welchem Grund, verlässt.
Bei Krankheit sieht es bedeutend anders aus. Der Arbeitgeber zahlt zwar den Lohn während der Erkrankung weiter, verlangt jedoch beim Ausscheiden aus dem Unternehmen das Geld wieder zurück. Praktisch ist es nur ein Darlehen. Was passiert mit denen, die nicht in der Lage sind, es zurückzuzahlen? Über deren Elend ist uns nichts bekannt.
Noch sind solche Regelungen, die in Kenia normal sind, hier im ehemals „reichen" Deutschland unvorstellbar und würden sie eintreten, gäbe es einen Riesenaufstand aller Gewerkschaften, eventuell käme es zu großen Eintrittswellen bei ihnen.
Keiner wünscht sich solche Verhältnisse bei uns, wahrscheinlich noch nicht einmal absolut hartgesottene Unternehmer. Es soll lediglich verdeutlichen, wie verwöhnt wir sind und dass wir über solch hanebüchenen Zustände meistens nicht einmal Bescheid wissen. Die allermeisten, die dort z.B. in Hotels arbeiten, dürften privat in Zuständen leben, die wir im Leben nicht akzeptieren würden.
Mancher mag einwenden, dass das zur sogenannten Dritten Welt gehörende Kenia nicht mit dem reichen Deutschland verglichen werden kann. Im ersten Moment leuchtet das ein, wirtschaftlich gesehen

sind Vergleiche unmöglich. Menschen aber, ihre Freuden und ihre Leiden, sind sehr wohl miteinander vergleichbar. Zudem haben alle ein Recht auf faire Behandlung.

Die Armut der Einheimischen und vergleichbar reiche Touristen aus den USA, Deutschland und sogar aus Russland leben manchmal sehr dicht nebeneinander. Was sie voneinander trennt, ist eine Hotelmauer. In Cabarete, einem Badeort in der Dominikanischen Republik, ist das der Fall. Das Hotel heißt „Sun and Surf“ und ist vom Atlantik mit Traumstrand und Bars lediglich durch eine Straße getrennt (Stand 2001).

In der DDR wurden Reisen von den Betrieben organisiert. Es ging in den Thüringer Wald oder an die Ostsee, Auslandsreisen waren auf die „Brüderländer“ beschränkt. Als sich in Polen 1980 die Gewerkschaft „Solidarität“ gründete, wurde das Land für viele Reiselustige unerreichbar. Welche Rolle Ungarn im Sommer 1989 als Urlaubsland spielte, ist ebenso bekannt, wie die im November desselben Jahres erkämpfte Reisefreiheit.

Weil aber die Arbeitslosigkeit im Osten in der Regel doppelt so hoch wie im Westen ist, hat sich das Reisen für die Betroffenen wieder erledigt. Nicht nur das fehlende Geld macht einen Strich durch vielleicht vorhandene Reiseträume, weil erst andere Dinge viel nötiger sind als eine Reise.

Gläserne Zeiten

Immer mehr ist in den Medien von Datenmissbrauch die Rede, egal, ob bei der Bundesagentur für Arbeit oder einer Drogeriekette, die Liste ließe sich beliebig fortsetzen. Heutzutage ist eine Fülle von Möglichkeiten der Überwachung möglich, von der die alte Stasi noch nicht einmal zu träumen gewagt hätte. Bestimmt ist einigen von uns noch ein gewisser Discounter in bester Erinnerung, in dem die Ar-

beitskräfte auf den Toiletten gefilmt wurden, ohne es zu merken. Was sind das für Menschen, die sich zu solchen widerlichen Taten hinreißen lassen? Glücklicherweise wurde der Skandal aufgedeckt.
Keiner von uns normal Sterblichen weiß, wo Daten überall zur Verfügung stehen. Nahezu jeder kennt die nervigen Anrufe von Telefonzentralen, die von A bis Z alles nur Mögliche verkaufen wollen oder irgendwelche Umfragen durchführen. Wie kommen die an unsere persönlichen Daten heran, obwohl wir sie von unserer Seite aus gar nicht kontaktiert haben?
Eine mögliche Variante sind Kreditkarten. Hierüber ist es für Spezialisten ein Kinderspiel herauszufinden, wer was wo gekauft hat, egal, ob Unterwäsche, Bananen oder Dildos. Selbst Intimstes kann so ganz flink öffentlich werden. Das Internet kann fürwahr ein Eldorado für Datenjäger der unfeinen Art darstellen, flugs ist ihnen bekannt, was sie nicht nur eigentlich nichts angeht. Selbst wenn einiges sicherer geworden ist, Leichtsinnigkeit kann einem viel Ärger einhandeln.
Unsere Wohnzimmer können, sofern dort ein Rechner steht, der an das Internet angeschlossen ist, locker abgehört werden. Oftmals ahnen wir nicht, was heutzutage technisch alles möglich ist. Es ist zwar vom Grundgesetz her grundsätzlich verboten, Wohnungen zu belauschen, aber wenn es doch keiner merkt? Wie einfach der Zugriff auf Festplatten privater Rechner geworden ist, ging 2009 durch die Medien.
Sie spielen auch eine Rolle, wenn es darum geht, kritikfähig zu bleiben, Vorhaben von Wirtschaft und Politik zu hinterfragen und sie scheinen Erfolg damit zu haben, uns zu verdummen. Noch 1987 gab es sehr große Proteste bei vielen Bundesdeutschen, als die Volkszählung durchgeführt werden sollte und es wiederholte sich, als neue Personalausweise eingeführt wurden.
Heute kräht kaum noch ein Hahn danach, wenn Reisepässe und im Gefolge die Personalausweise in neuer Form ausgestellt werden. Wie weit ist staatlicher Datenmissbrauch möglich und was können wir noch dagegen unternehmen?

Auch bei den Karten der Krankenkassen sollen mehr Daten in besserer Qualität gespeichert werden können. Selbstverständlich zu unserem Schutz. Anscheinend wird das von der Mehrheit der Bevölkerung geglaubt. Wenn dem aber gar nicht so ist, wo bleibt dann der Widerstand?

Überall werden wir inzwischen gefilmt. Im Fahrstuhl, auf Straßen und Plätzen, in Einkaufszentren. Dass Handys überall auf der Welt geortet werden können, ist eine Binsenweisheit und es sind Möglichkeiten des Abhörens möglich geworden, die Georg Orwells „1984“ erblassen lassen.

Katzen und Hunden können Marken (Neudeutsch: Chips) eingepflanzt werden, um ihre Aufenthaltsorte einsehen zu können. Was bei den Tieren möglich ist, soll beim Menschen unmöglich sein? Wer das glaubt, ist naiv.

Schon vor einigen Jahren war Folgendes zu lesen. Es wurde daran gearbeitet, Chips zu entwickeln, die im menschlichen Gehirn das Denken, Fühlen und Handeln derart verändern sollten, dass sie es nicht merken, quasi ferngesteuert zu sein. Die Marke sollte so eingebaut werden, dass die Betroffenen diese weder beim Kämmen noch beim Haare waschen ertasten können, so der Bericht weiter.

Für Diktatoren wäre das ein gefundenes Fressen. Hoffen wir, dass es nicht soweit kommt.

Die Gefahr zum gläsernen Menschen zu werden ist sehr real, nur verdrängen wir es mit allen Kräften. Oft, wahrscheinlich viel zu oft, fühlen wir uns buchstäblich ohnmächtig. Nur allzu gern beruhigen wir uns mit dem Gedanken, dass sich „der Staat“ nicht für uns interessiert, solange wir uns nur gesetzestreu verhalten. Aber stimmt das?

Hartz-IV-Empfänger können ein Lied davon singen, was es heißt, ständig unter staatlicher Kontrolle zu stehen. Der Staat hat zu jeder Zeit Zugriff auf die Kontostände, ein Bankgeheimnis gibt es hier nicht und sie verfügen über keine Mittel, sich dagegen wehren zu können. Der Staat, genauer, Wirtschaft und Politik misstraut ihnen.

Wer das Geld hat, bestimmt die Musik, ihnen aber bleibt nur die Ohnmacht. Weiterhin gilt das Märchen von dem absoluten Ende möglichen Missbrauchs. Hartz-IV-Empfänger müssen sich nicht nur finanziell, sondern auch privat bloßstellen, selbst intimste Angelegenheiten werden staatlich ausgeschnüffelt. Eine Praxis, die mit Sozialstaatlichkeit nicht vereinbar und ethisch schon gar nicht zu halten ist.

Die Grünen/Bündnis 90 warben im Wahlkampf 2009 mit einem Plakat gegen Totalüberwachung. Der damalige Innenminister Schäuble war darauf zu sehen und darunter stand: „Du bist verdächtig!" Nun mag jeder zu dieser Partei stehen, wie es beliebt. Nur gänzlich unrecht hat sie nicht, selbst wenn das Trauma berücksichtigt wird, das Schäuble widerfuhr.

Selbstverständlich kann ein Mensch, der wegen eines Attentats an den Rollstuhl gefesselt ist, bei möglichen Terroranschlägen überreagieren. Das ist auch nicht der Punkt. Nur ist er dann als Innenminister untauglich und heute ist er glücklicherweise keiner mehr.

Wir müssen wieder lernen, mehr zu hinterfragen, ob die vielen Maßnahmen, die für uns getroffen werden, wirklich für unseren Schutz bestimmt sind. Eine totale Sicherheit für alle gibt es nirgends auf der Welt, Terroranschläge können niemals zu 100 % ausgeschlossen werden. Schon wegen des Afghanistankrieges und auch wegen unseres noch vorhandenen relativ hohen Wohlstandes in weiten Bevölkerungskreisen sind wir im Visier von Bin Laden und evtl. Anderen, von deren Existenz wir nichts wissen. Selbst ein totaler Überwachungsstaat kann logischerweise nicht alles verhindern.

Doch kann er die Demokratie vollends zerstören, Menschenwillen brechen. Noch gibt es Rede- und Versammlungsfreiheit, noch hat jeder das Recht auf freie Meinungsäußerung in mündlicher oder schriftlicher Form. Selbstverständlichkeiten sind das nicht, in vielen Ländern ist das zu beobachten. Auch in Deutschland kann all das zu Fall gebracht werden. Jeder kann verdächtig sein und dadurch wird eine Atmosphäre des allgemeinen Misstrauens immer wahrscheinlicher. Ob es so weit kommt, liegt nicht allein, jedoch auch in unserer Hand.

Kinder, Kinder

Gören stören, welcher Erwachsene hat nicht schon sinngemäß so gedacht? Da kommt man müde und abgespannt von der Arbeit, sitzt im Bus und will nur noch nach Hause. Plötzlich fangen ein paar Kinder an, sich lauthals zu streiten. Als im Anschluss daran unweit vom eigenen Sitzplatz ein Baby anfängt zu plärren, ist es mit der entspannten Busfahrt endgültig zu vorbei. Morgen geht es wieder mit dem Auto zum Dienst, ruhig und ohne Stress, was laute Kinder betrifft.

Dass wir selber einst Kinder waren, haben wir zumindest in solchen Situationen aus dem Gedächtnis gestrichen. Selbstverständlich kollidieren sehr oft die Interessen der Kleinen mit denen von uns Erwachsenen. Kinderlärm und Schichtarbeit gehen wahrlich nur schwer zusammen. Wer nachts arbeitet, muss tagsüber schlafen, um im Job fit zu sein. Kinder müssen sich aber austoben dürfen, es gehört zu einer gesunden Entwicklung dazu, auch wenn es manchmal laut ist. Beiden Seiten gerecht zu werden und Regeln zu finden ist schwer, aber machbar. Also müssen die Kids lernen, dass sie nicht immer laut sein dürfen.

Kinder sind von Natur aus wissbegierig, wollen etwas herausfinden, Dinge entdecken. Das gilt für alle Kinder, egal, aus welcher Schicht sie kommen, also auch der Unterschicht. Diesen Kindern wird jedoch dieses Recht verwehrt. Gerade für sie ist es mehr als erforderlich, so zeitig wie möglich einen zeitgemäßen Hort zu besuchen. Das kann gar nicht oft genug betont und wiederholt werden.

Nehmen wir die Schule. Sind dort nur leistungsschwache Kinder zu finden, gibt es keinen, der sie nach oben ziehen kann. Sie schmoren bildlich gesprochen im eigenen Saft. Daraus kann sich nichts Positives entwickeln. Eine gesundes Durchmischen unserer Klassen, in denen starke und schwache Kinder zusammen lernen, wäre eine Möglichkeit, Veränderungen zu erzielen.
Hier sieht es in der Realität finster aus. Eltern, die es sich leisten können, in bessere Gegenden zu ziehen, realisieren das so schnell wie möglich. Immer mehr von ihnen sind sogar in der Lage, ihre Kinder auf Privatschulen zu schicken und diese Tendenz steigt mehr und mehr an.
Selbstverständlich ist den Eltern solches Verhalten auf keinen Fall anzukreiden. Sie wollen für ihre Sprösslinge nur das Beste, und dass einem das Hemd näher als der Rock ist, entspringt einer zutiefst menschlichen Verhaltensweise.
Das Dilemma, das sich hier auftut, ist somit erklärt, aber bei Weitem nicht gelöst. Es liegt nicht bei den Eltern, die sich noch gegen den Vorwurf nicht solidarisch zu handeln, anhören müssen. Das Problem liegt im staatlichen Schulversagen. Unser System ist nicht mehr zeitgemäß und nicht nur das ist faul in unserem Staat.
In den Schulen muss sich etwas ändern. Jungen sind von Natur aus nicht dümmer als Mädchen, sie lernen nur anders. Sie brauchen mehr Bewegung als die Mädels und dem ist Rechnung zu tragen. Es kann nicht hingenommen werden, lauter männliche Versager wie am Fließband zu produzieren. Hinzu kommt, so früh, wie es nur irgend geht, uralte Rollenbilder endlich über Bord zu werfen und zwar schleunigst.
Bei der neuen Bundesregierung, die ab 2011 150,- Euro an Eltern zahlt, die ihre Kids daheim erziehen, scheint das jedoch schon fast aussichtslos zu sein. Wesentlich effizienter wäre es, wenn Väter und Mütter gleichermaßen Beruf und Kinder unter einen Hut bekommen könnten.

Nicht nur die Politik, auch die Unternehmen sind gefordert, im Sinn des Wortes etwas zu unternehmen, um das längst Überfällige zu realisieren. Hierbei dürfen sie natürlich das, was in der Schule verboten war: abgucken und zwar im Ausland. Was ist dort besser und welche Konzepte sind demzufolge für Deutschland realistisch?
Kinder stellen hierzulande bekanntermaßen ein Armutsrisiko dar. Im Allgemeinen hängt die Kinderzahl von der jeweils erreichten Bildungsstufe ab. Je höher diese ist, desto weniger Kinder sind vorhanden. Ausgerechnet diejenigen, die sich wirtschaftlich gar keine Kinder leisten können, haben die meisten. Der Staat zahlt schließlich Kindergeld, wenn auch nicht mehr so üppig wie noch vor wenigen Jahren.
Mit der Zeit ist die staatliche Vollkaskoversicherung mehr und mehr Geschichte, was am Anspruchs- und Besitzstandsdenken der Betroffenen auch in diesem Punkt so gut wie gar nichts geändert hat. Hier ist der Staat in der Pflicht, Aufklärungsarbeit zu leisten, denn es sind hauptsächlich die Kinder, die unter Armut nicht nur leiden, sondern diese an ihre Kinder weiter vererben werden. Ein Teufelskreis, der durchbrochen werden muss. Denn er ist weder menschlich noch wirtschaftlich tragbar. Jeder Tag, an dem nichts geschieht, ist ein Verlust.
Kindergeld darf nur denen zustehen, die es dringend benötigen. Wer aber geldlich imstande ist, die Nachkommen selbst versorgen zu können, darf keines erhalten. Das sieht die Bundesregierung leider anders. Auch wenn es selbstverständlich richtig ist und bleibt, Reiche finanziell zu entlasten, wird hier eine Grenze überschritten.
Was die Bedürftigen betrifft, muss die Auszahlung dieser von Steuerzahlern zu erbringenden Leistung an Hilfen zur Selbsthilfe gekoppelt sein.

Ein Fass ohne Boden?

Nach unten immer, nach oben nimmer hätte es 1989 heißen müssen, denn damals attestierte ein DDR-Geheimpapier den Bankrott des Arbeiter- und Bauernstaates. Zwar gelang es den Machthabern, ein weitaus schöneres Bild zu erstellen. Auf der Top-10-Liste der wichtigsten Industriestaaten rangierte die DDR auf Platz 10. Heute ist klar, es war gelogen.

Seit 1990 leben die Menschen im Osten in einem Spannungsfeld, das enormer nicht sein kann. Die Lebenshaltungskosten steigen und übersteigen z.T. das Westniveau und wären die Löhne nur mit der jeweiligen Produktivität gestiegen, wäre das Bezahlen der Fixkosten noch wesentlich schwieriger. Ergo sind die Löhne viel zu hoch und gleichermaßen zu niedrig, um davon ohne Sorgen zu überleben.

Zudem ist die Arbeitslosigkeit oftmals doppelt so hoch, wenn von westdeutschen armen Regionen wie dem Bayerischen Wald und Teilen des Ruhrgebietes sowie Ostfriesland abgesehen wird. Wären die Löhne im Osten entsprechend langsamer gestiegen, wenn die Lebenshaltungskosten dort nicht eine so rasante Fahrt nach oben hingelegt hätten?

Die Zahlen über den Aufbau Ost aus dem Jahr 2004 dokumentieren eine gesamtdeutsche Stimmung, die sich auch nach einem halben Jahrzehnt nicht groß geändert haben dürfte. Demnach sind 88 % im Osten und 60 % im Westen der Ansicht, dass die Wiedervereinigung gescheitert ist.

Der Osten altert schneller als der Westen, was am Abwandern der Menschen im arbeitsfähigen Alter liegt. Dass es sich, wie bereits erwähnt, um gut bis sehr gut ausgebildete, oftmals junge Frauen handelt, führt zu einem weiteren Problem. Die meisten von ihnen könnten noch Kinder kriegen. Dafür fehlt es ihnen allzu oft an Männern, die es ökonomisch mit ihnen aufnehmen können. Zu Recht sind die Frauen noch wählerischer geworden. Noch vor 20 Jahren war die Riege alter Herren im SED-Politbüro das Sorgenkind, nun wird der

Osten bald das Land der alten Männer werden, wo Kinder kaum noch vorkommen.
Für die Zukunft ist das ein sehr großes Problem und die Medien schweigen dazu. Wie lange noch? Werden bald Geisterstädte wie in den USA entstehen? Noch immer verschwinden ganze Stadtteile durch Abriss. Sollte das tatsächlich eintreffen, wird das Tabu gebrochen werden müssen.
Wie soll da der Generationenvertrag vom alten Bismarck künftig noch halten? Dieser ist für das Fortbestehen des Sozialstaates von elementarer Wichtigkeit. Dabei hatte der deutsche Osten am Anfang sehr gute Startbedingungen. Kein anderer COMECON-Staat konnte auf ein wirtschaftlich einigermaßen starkes Land zurückgreifen, das ihnen hätte helfen können und in dem es keinerlei Sprachbarrieren gab. Schon allein das war eine Chance und ein Riesenvorteil. Viele Möglichkeiten, einen prosperierenden Osten zu schaffen, wurden verspielt.
Es sind nämlich nicht nur die berühmt-berüchtigten Lohnprobleme, sondern ein kaum noch zu lichtendes Geflecht von bürokratischen Fördertöpfen entstanden, die es der Wirtschaft nicht erlauben, frei und ohne ein wahres Zuviel an Regularien zu agieren. Wie können unter solchen Bedingungen neue Arbeitsplätze entstehen, die für die Region so wichtig sind?
Ebenfalls vertan wurde die Chance, wenigstens die ostdeutschen Bundesländer neu zu gliedern. So wurschteln jetzt fünf viel zu kleine Bundesländer vor sich hin. Seltsamerweise werden sie nach 20 Jahren immer noch als „neue Bundesländer“ bezeichnet. Das klingt nicht nur merkwürdig, das ist es auch. „Neufünfland“ sagt schließlich auch keiner mehr.
Slowenien hat eine höhere Wirtschaftskraft als alle östlichen Länder zusammen. Tschechien hat den Osten nicht nur eingeholt, sondern längst überholt. Eine Statistik macht dieses besonders deutlich: Die Arbeitslosenquote ist dort niedriger als im Osten und das sollte zu denken geben.

Investoren sind ständig sehr in niedrige Steuern und Abgaben verliebt. Ihre Liebe wird nur in „Neufünfland" nicht erwidert. Während alle anderen ehemaligen RGW-Staaten sich vernünftiger verhalten und dem Kaiser geben, was des Kaisers ist, wehrt sich Ostelbien dagegen wie einst das berühmte gallische Dorf, in dem Asterix und Obelix wohnten. Nur war das ein Märchen, während es hier um Realitätsverweigerung geht.
Es liegt nicht an mangelndem Leistungswillen der Arbeitskräfte und sie können nichts dafür, das bis zum heutigen Tag kaum mittelgroße oder gar große Unternehmen existieren, die auf dem Weltmarkt nennenswert mitspielen könnten. Warum sie fehlen, ist klar, die Rahmenbedingungen stimmen nicht.
Um dem Fass den überfälligen Boden einzubauen, ist es notwendig, eine Rosskur noch nie gekannten Ausmaßes einzuleiten. Fachleute empfehlen, die Bürokratie genauso wie die Steuerlast auf ein zu ertragendes Maß zu reduzieren. Freilich, Lohnzurückhaltung ist daneben ihr hauptsächliches Anliegen!
Weiter plädieren die Experten für eine Loslösung von der Dominanz des Westens. Speziell östliche Probleme bedingen entsprechend spezielle Lösungen, so die Fachwelt. Die verordnete Rosskur, die nicht nur der Osten braucht, kann neben erheblichen Schmerzen eine heilende Wirkung entfalten, aus der Deutschland als Ganzes gestärkt emporkommen kann.
Bedenkenträger und Zauderer sind ein allzu typisch deutsches Markenzeichen, das uns hemmt. Das ostdeutsche Drama kann ganz Westdeutschland mit nach unten reißen. Heute stehen wir bereits am Abgrund, morgen sind wir einen Schritt weiter. Zugegeben, es ist noch nicht ganz so weit. Aber was nicht ist, kann ja noch werden? Dann dürfte es noch sehr viel schmerzhafter sein, sich nach dem erfolgten Niedergang wieder hochzuarbeiten. Wann, wenn nicht jetzt müssen die Weichen endlich in die richtige Richtung gestellt werden.

Ausgewandert

Manch einer fasst den Entschluss, das Land zu verlassen, während des Blickes auf den Gehalts- oder Lohnzettel. Denn die Augen fangen schon wieder zu schwitzen an, wenn der Unterschied, den der Brutto- und der Nettobetrag ausmacht, ermessen wird. Selbst wenn der Verstand uns sagt, dass es sich bei den Abzügen nicht um Belastungen handelt, gefühlsmäßig ist es eine ganz andere Geschichte.
Ein nicht unerheblicher Teil wandert aus, weil die Perspektive fehlt oder zu fehlen scheint. Bevor Dauerarbeitslosigkeit oder Hartz IV droht, werden die Koffer gepackt. Viele machen zudem einen sehr großen Fehler. Sie bereiten sich nicht nur schlecht oder gar nicht auf ihre neue Heimat vor, sondern sprechen auch deren Sprache nicht. Sie sollte wenigstens in den Grundzügen beherrscht werden.
Sehr beliebt sind Ziele wie USA oder Kanada und wer Englisch in der Schule hatte und keinen Aufbaukurs in der Volkshochschule besucht hat, hat wenigstens eine Basis, auf der ein Aufbau doch möglich ist. Eine soziale Absicherung kennt Kanada zwar etwas mehr als die USA, doch ist sie bei Weitem nicht so überbordend ausgebaut wie bei uns.
Oftmals decken sich die Vorstellungen nicht mit der Realität im ausgesuchten Land. Dabei ist es enorm wichtig, sich darüber zu informieren, wie es im Traumland aussieht. Wird z.B. in das für viele europäisch wirkende Südafrika ausgewandert, sollte schon bekannt sein, dass Armut weitaus mehr Schwarze als Weiße trifft, trotz des Verbots der Apartheid.
Einige wandern sogar in sehr arme Länder wie Bolivien oder gar Thailand aus. Logischerweise gibt es in solchen Staaten absolut keine Sozialsysteme. Risikobereitschaft ist zwingend notwendig und Scheitern heißt umgehend auf der Straße zu landen. Möglich, dass die deutsche Botschaft hilft, wieder in die alte Heimat zu gelangen.

Selbstverständlich wandern auch diejenigen aus, die schon hier zu den Verlierern zählten. Scheitern sie in ihrer Wahlheimat erneut, bleiben ihnen nur zwei Wege, um aus einer unangenehmen Lage herauszukommen. Entweder sie fangen neu an und lernen aus ihren gemachten Fehlern, um vor Ort nochmals durchzustarten. Oder sie kontaktieren die dortige deutsche Botschaft und reisen zurück nach Deutschland, zulasten der Steuerzahler natürlich. Die Gescheiterten sollten auf alle Fälle das Geld, das die Rückführung kostet, zurückzahlen müssen und wenn es in Raten ist.
Natürlich gibt es auch noch die Spezies, die zwar in ein armes Land gehen, aber auf mitteleuropäischen Lebensstandard ungern verzichten wollen. Vor einiger Zeit war im Fernsehen Folgendes zu sehen: Ein deutsches Pärchen ist in ein armes Land gegangen, um dort Entwicklungshilfe zu leisten. Es war aber nicht bereit, sich dem Lebensstandard dort anzupassen. Dadurch konnte schnell der Eindruck entstehen, sie sähen sich als etwas Besseres, was vielleicht gar nicht ihr Anliegen war.
Hochgebildete Menschen wandern aus, weil sie sich im Ausland weitaus bessere Möglichkeiten erschließen können, wobei der Verdienst auch höher zu sein scheint, wenn sie eine Arbeit bekommen. Diese ist in den meisten Fällen bereits in Deutschland über das Internet gefunden worden. So fallen sie, insofern das ausgesuchte Land überhaupt ein Sozialsystem hat, keinem zur Last.
Selbstverständlich sind nicht immer nur wirtschaftliche Gründe maßgebend für eine Auswanderung. Affinität zu einem Land, einer Gegend, kann ebenfalls ein Grund sein, die alte Heimat hinter sich zu lassen und einfach abhauen zu wollen. Seien es nun die Fjorde Norwegens oder die Schären Schwedens oder die Art und Weise, wie Menschen im ersehnten Land miteinander umzugehen pflegen.
So ist immer wieder zu hören, dass Zwischenmenschliches z.B. in Kanada wesentlich freundlicher abläuft als in Deutschland. Warum? Weil eben nicht für alles und jedes der Staat gerufen wird. Übrigens haben deren Nachbarn in den USA wenig bis gar kein Verständnis

für unseren großzügig ausgebauten Sozialstaat. Es fehlt uns Deutschen, so meinen sie, Risikobereitschaft und Eigeninitiative. Aber genau das zeichnet sie eben aus, die Amis.
Viele wandern auch nach Australien oder Neuseeland aus, wobei das zweitgenannte Land in früheren Jahren ebenfalls einen sehr ausgedehnten Sozialstaat hatte. Der ist aber schon lang auf ein Minimum beschränkt. Arbeitslosen wird nur ein halbes Jahr lang staatliche Stütze zuteil, danach ist Schluss mit lustig. Auch da ist das Leben härter geworden.
Bürokratie ist nicht nur in Deutschland problematisch, es gibt sie überall und Nerven kostet sie mehr oder weniger genauso wie hier. So kann das Land, in dem der letzte Urlaub einfach genial war, schnell zur Enttäuschung werden, wenn entschieden wurde, in diesem Teil der Erde dauerhaft zu leben. Enttäuschungen, das haben wir schon Zuhause gelernt, gehören nun einmal zum Leben dazu.
Diese Binsenwahrheit scheinen einige zu vergessen, wenn sie im Ausland ihr Leben neu gestalten wollen. Jetzt muss alles wie am Schnürchen laufen, und wenn das nicht geht, ist der Frust groß. Leute gibt's! ...
Deutsche sind rund um den Erdball zu finden, egal ob in Irland oder in Tansania. Ihre Lebensentwürfe sind so vielfältig wie die Menschen selbst, die versuchen, ihre Träume wahr werden zu lassen. Ob als Schäfer in Schottland oder Firmengründer in den USA bzw. als Abenteurer in Paraguay, alles ist möglich.

Arm und Reich weltweit

Einiges scheint noch aus der Kolonialzeit zu stammen, so wie es aussieht. Immer noch werden uns die Armen aus Indien, Südamerika oder Afrika als Wesen präsentiert, die anscheinend die Führung des weißen Mannes brauchen, um in der Welt klarzukommen. Wir sind

die, die andauernd zu Spenden aufgerufen werden. Gut, zur Weihnachtszeit ein bisschen mehr als sonst. In Erinnerung an die Heiligen Drei Könige mit ihren Gaben?
Es sind hauptsächlich kirchliche Hilfsorganisationen, die immer noch missionierend Hilfsbereitschaft in uns wecken wollen. Doch sehen wir die Plakate genauer an, fällt auf, dass nicht alleine hungrige und abgemagerte Kinder mit großen Kulleraugen zu sehen sind. Auch wohlgenährte kommen vor. Sie alle verfolgen, so die Nachricht, die sie herüberzugeben scheinen, allein ein Ziel: Spende her!
Das Bild, das nicht allein kirchliche Hilfsorganisationen in uns vermitteln wollen, hat viel mit den hilflosen Armen zu tun, die sich selbst nicht angeblich helfen können. So wird ständig an unser Gewissen erinnert. „Nächstenliebe" soll Praxis werden im Umgang mit den Hungernden dieser Welt. Das Hilfsmittel dazu sind manchmal Sachspenden, vielmehr jedoch wollen die Helfer an unsere Knete.
Die wahren Gründe nicht nur allein der christlich motivierten Hilfsorganisationen sind andere. Würden sie es mit menschlicher Hilfe ernst meinen, wären sie im Laufe der Zeit mehr und mehr obsolet geworden. Aber alle großen Organisationen existieren seit Jahrzehnten und haben mitnichten vor, sich überflüssig zu machen. Hört es sich nicht prima an, wenn Schulen und Brunnen aus Spendengeldern gebaut werden? Was sind die wahren Gründe, dass es nicht so recht vorwärtsgehen will mit der organisierten Hilfe?
Wie immer ist es das Geld. Sie wollen die Armen in Wirklichkeit nicht durch Hilfe zur Selbsthilfe selbstständig werden lassen, denn dann würden sie selbst tatsächlich überflüssig. Mit Armut kann schließlich viel Kohle gemacht werden.
Nun allerdings den Hilfsorganisationen für alles Elend weltweit die Verantwortung zuzuschreiben ginge natürlich viel zu weit. Es sind auch die korrupten Regierungen der oft nur angeblich armen Staaten, die ihren Menschen, die in ihren Staatsgebieten wohnen, kein Quantum Menschlichkeit gönnen.

Die Mächtigen führen ein luxuriöses Leben, finanziert durch eine seit Jahren falsch verstandene Entwicklungshilfe von den Industrieländern. All die über Jahrzehnte hinweg versickerten Summen, die zum Helfen gedacht waren, sind größtenteils dort gelandet.
Wahrscheinlich wollte die FDP das Entwicklungsministerium auch aus diesen Gründen abschaffen. Nun muss es vielleicht nicht gleich verschwinden. Konstruktives Umdenken kann auch in diesem Punkt viel bewirken. Denn viele Länder, in denen die Bevölkerung darben muss, sind in Wirklichkeit reich. Verfügen sie doch über große Vorkommen von Diamanten, Öl und andere lukrative Bodenschätze. Dass bei den Armen nichts ankommt, liegt sicherlich auch an multinationalen Konzernen, die sich unrechtmäßig bereichern. Hinzu kommen die Vetternwirtschaft und Korruption. Es ist also ein ganzes Bündel von Problemen, die ihrer Lösung harren.
Ganze 0,3 % des gesamten deutschen Bruttosozialprodukts fließen in die Entwicklungshilfe, die Erhöhung auf 0,7 % wird bestimmt auch in Zukunft eine Illusion bleiben. Viele finden es mehr als beschämend, was Deutschland Jahr für Jahr an Entwicklungshilfe zu geben bereit ist. Hätten wir die Abermilliarden Euro, die es kostete, Banken zu retten, nicht besser denen geben sollen, die hungern?
So schön es sich anhört, das wäre der falsche Weg. Selbst wenn manche Experten meinen, dass es in Wahrheit gar nicht um die Rettung systemrelevanter Banken ging, wäre es fatal gewesen, das Geld in die sogenannte Dritte Welt zu schicken. Denn das hätte die Abhängigkeit von den Industriestaaten noch weiter gefestigt.
Echte Hilfe kann nur die zur Selbsthilfe sein. Bei der Politik genauso wie bei den Hilfsorganisationen muss ein Umdenken in den Köpfen beginnen. Selbstverständlich sind die menschenunwürdigen Zustände in den Entwicklungsländern zu beseitigen. Dazu ist es erforderlich, dass Hilfsorganisationen ihre Hilfe so gestalten, dass sie sich selbst im Lauf der Zeit abschaffen.
Ohne Macht und Einfluss einzubüßen, wird das selbstverständlich nicht zu haben sein. Falls all die Hilfsorganisationen es aber mit ihrer

Hilfe ernst meinen, bleibt ihnen gar keine andere Wahl, als sich quasi selbst zu überwinden und diesen Weg dann einzuschlagen.
So wie sich die Arbeit von Hilfsorganisationen wandeln muss, ist auch die Politik gefordert, ihre Entwicklungspolitik zu ändern. Kredite, die gewährt werden, müssen zweckgebunden sein, was die Dokumentation, wofür die Hilfen gebraucht werden natürlich mit einschließt. Leider geht es eben nicht immer ohne Bürokratie, um Veränderungen zu erreichen.

Alt sein in Deutschland

Früher, etwa vor 80 oder 100 Jahren war es in Stadt und Land noch normal, dass mehrere Generationen in einem Haus lebten und Alte von den Jüngeren versorgt wurden. Das hat sich auch durch die Einführung von Sozialversicherungssystemen und durch Wandlungen in der Arbeitswelt im Laufe der letzten Jahrzehnte verändert und leider nicht nur zum Guten.
Wer einer Erwerbsarbeit nachgeht, hat immer weniger Zeit, sich um pflegebedürftige Eltern zu kümmern und sind mit der Pflege überfordert. Unmöglich wird es dann, wenn die Wohnorte früherer Kinder und deren Eltern sehr weit auseinanderliegen. Hier ist nur noch professionelle Hilfe möglich. Die aber kostet zuweilen sehr viel Geld und kann nicht von jedem bezahlt werden. Was ist also zu tun?
Wenn diesbezüglich nichts mehr geht, springt derzeit noch immer das Sozialamt ein. Da jedoch die Schere zwischen Arm und Reich stetig auseinandergeht, dürfte der Bedarf an staatlicher Hilfe steigen. Wie wird das in Zukunft bezahlbar?
Grundsätzlich ist es schön, dass sehr viele Deutsche heutzutage länger leben und hier ist ein weiterer Punkt, der seit einigen Jahren Sorgen bereitet. Abgesehen von denen, die freiwillig ein paar Jahre drauflegen und sogar mit 70 noch arbeiten, weil sie es auch können,

ist für schwer arbeitende Menschen bereits 20 Jahre früher Feierabend. Welche Lösungen haben Wirtschaft und Politik für diese Klientel in der Tasche?
Falls sie weiter im erlernten Beruf arbeiten, können sie ihre langjährige Erfahrung als Ratgeber einsetzen, um nachrückenden Kollegen eine Stütze zu sein. Sonst bleibt noch der un- und angelernte Bereich übrig, in dem Geld verdient werden kann. Das läuft auf den Niedriglohnbereich hinaus. Viele werden, weil die Rente nicht zum Leben ausreicht, solche Tätigkeiten noch lange ausüben müssen, selbst noch als Altersrentner.
Gerade in einer alternden Gesellschaft kann die Arbeit niemals „ausgehen". Schon jetzt grauen sich viele Ältere zu Recht vor Senioreneinrichtungen, die eher Verwahrungsanstalten gleichen und für die zu Betreuenden als auch für das Pflegepersonal eine erhebliche Belastung darstellen.
Schuld daran sind nicht nur die Lohnkosten allein, die zu einer Arbeitsverdichtung geführt haben, die nicht mehr tragbar sind. Mit Lohnsenkungen allein ist es nicht getan.
Hier gilt es Abhilfe zu schaffen, in Form von Arbeitsplätzen, in denen neben fachlicher Pflege auf die Bedürfnisse der Älteren eingegangen werden kann. Inzwischen gibt es die sogenannten Alltagsbetreuer. Sie gehen in Senioreneinrichtungen, um dort den Bewohnern zu helfen, den Alltag zu meistern. Ein Schritt in die richtige Richtung, der weitere folgen mögen, gern auch im Niedriglohnbereich.
Hier könnten früher schwer körperlich arbeite Menschen, die sonst mit 50 oder 60 in Rente gehen würden, eine Arbeit bekommen und gleichzeitig für ihren eigenen Lebensabend besser vorsorgen.
Einfallsreichtum ist hier gefragt, um die Probleme, die wir haben lösen zu helfen. Wer nichts tut, macht keine Fehler? Das wäre der größte Fehler, der passieren könnte.
Vom Elektroauto einmal abgesehen wird es auch im Autobereich in Zukunft Veränderungen geben. Sportflitzer, die möglichst knapp über der Straße liegen, wird es wohl weniger geben und die gute alte

Familienkutsche dürfte auch ausgedient haben. Es wird eine Menge Arbeit für Designer geben, um altersgerechte Wagen bauen zu können.

Statt Babywindeln werden jetzt mehr Waren gegen Inkontinenz nötig werden. Bücher in größerer Schrift kommen auf den Markt und Hersteller von Lupen und Brillen bekommen schier ungeahnte Aufträge. Die Wirtschaft wird sich also auf die neuen Alten im Land umstellen müssen.

Die sind heute meistens körperlich und geistig reger als ihre vorige Altengeneration. Viele sind offen für neue Techniken, wie das Internet, und mobile Telefone sind auch bei ihnen immer häufiger zu finden.

Im Jahr 2030 gibt es vielleicht Rockdiskotheken, in denen die alten Hits legendärer Rockbands von AC/DC bis Pink rauf- und runtergespielt werden. Viele Rockstars aus der Jugendzeit sind schon jetzt nicht mehr existent. In gut zwei Jahrzehnten werden es logischerweise noch mehr sein, die dann als Grufties auf den Plattenteller kommen.

Um dann mit den Köpfen hin- und herzuwackeln brauchen wir uns nicht mehr groß anstrengen, das können wir dann von allein. Groß müsste so eine Disco sein, ähnlich den Großraumdiskotheken von damals. Warum? Schließlich brauchen wir Platz für unsere Rollatoren und für die Rollstühle sowieso, wenn es auf der guten Tanzfläche nochmals heiß hergehen soll.

Alleinstehende Frauen haben die große Auswahl beim Flirten, weil viele Männer längst ins Gras gebissen haben. Weißhaarige können auch sexy sein. Vielleicht ist es nicht mehr die hautenge Jeans, doch warum sollen sich ältere nicht schick anziehen?

Sicherlich wird es das auch geben, denn „Rock stirbt niemals und bleibt immer jung“. Die Musik darf auch ruhig laut sein, so wie damals. Falls sie doch zu laut wird, drehen wir den Knopf am Hörgerät leiser.

Wie dem auch sei, Zeiten, die zum Zuckerschlecken waren, hat es noch niemals gegeben. Panikmache ist ebenso falsch wie den Kopf in den Sand zu stecken. Realitätssinn und Augenmaß sind hier zu beachten, um dementsprechende Entscheidungen zu fällen.

Verfall von Werten und Sitten

Jede Generation hat wohl schon über die aktuelle Jugend mehr oder weniger geschimpft. Kein Benehmen habe sie und Werte tritt die Jugend mit Füßen. Natürlich sind viele Ältere schnell dabei, wenn es gilt, über „die Jugend" den Stab zu brechen. Früher, da war es noch möglich, die Fassaden der Häuser noch so zu sehen, wie sie die Bauarbeiter hinterließen. Heutzutage sind sie durch Graffiti entstellt und nicht nur dort.

Die öffentlichen Verkehrsmittel werden bekritzelt, die Scheiben zerkratzt. Sehr ärgerlich, das gab es früher nicht, damit wäre aufgeräumt worden. Ab ins Erziehungsheim! - Aber so einfach ist das nicht zu machen, so verständlich die Aufregung über die oft aggressiv wirkenden Graffiti und Kratzer sind. Natürlich müssen Jugendliche lernen, „mein und dein" zu unterscheiden, weil es zum sozialen Umgang gehört.

Eltern sind bei der Vermittlung von Werten mit der Erziehung ihrer Sprösslinge oft überfordert. Um diese zu erlernen, ist es unabdingbar, bereits in Kinderkrippen damit anzufangen und die Erziehung in Kindergarten, Vorschule und Schule weiter zu betreiben.

Klagen über den Verfall von Sitten und Werten hat es schon zu allen Zeiten gegeben und wahrscheinlich haben die am meisten geklagt, die entweder in der eigenen Jugend keinen Deut besser waren oder sich niemals zugestanden, jung zu sein und dann und wann mal über die Strenge zu schlagen. Bei ihnen ist eine gehörige Portion Neid zu erkennen, wohl auch, weil sie ihren eigenen Verfall bemerken.

Im Wirtschaftsleben werden sehr oft Werte missachtet, was der Umgang mit dem Klima deutlich macht. Wir alle sind dabei, der Atemluft den Garaus zu machen und haben es verlernt, ihren doch lebenswichtigen Wert zu schätzen. Gewinn und Rendite zählen am meisten. Das erinnert an das berühmte Verhalten der drei Affen, die nichts hören, nichts sehen, nichts sagen.
Leider gibt die Wissenschaft wenig Grund für Optimismus. Sie will mittlerweile herausgefunden haben, dass solch destruktives Verhalten von der Natur vorgegeben sei. Vernunft helfe da nicht weiter, so ihr Resultat.
Deswegen ist es so verdammt schwer, der Umweltzerstörung etwas Kämpferisches, Konstruktives entgegenzusetzen, ganz zu schweigen von der Ohnmacht, die spürbar wird. Da können sich junge Leute noch so oft Indianersprüche an die Wand hängen, in denen davor gewarnt wird, nicht alles zu zerstören, um dann zu merken, dass Geld eben nicht essbar ist.
Eine Klimakonferenz jagt die nächste und die Resultate sind das Papier kaum wert, auf dem sie stehen. Was ist unsere Reaktion, fliegen wir nicht mehr in ferne Länder oder schaffen unser Auto ab? Mitnichten! Selbst wenn es ginge, auf dem Arbeitsweg die öffentlichen Verkehrsmittel zu benutzen, die wenigsten von uns verzichten zugunsten einer gesunden Umwelt.
Außer ein paar Idealisten gibt es noch die Spezies, die mit dem öffentlichen Nahverkehr zwar fährt, aber nur, weil das Geld für das eigene Auto nicht reicht und der Firmenwagen zum Feierabend wieder auf dem Betriebsgelände zu stehen hat.
Damit wir wirklich Strom sparen und die Geräte, die im Stand-by-Modus laufen in der Tat ausschalten sind wir nur über den Geldbeutel zu kriegen. So lernen wir eventuell den Wert der Umwelt zu schätzen.
Der Erholungswert, den eine nicht zerstörte Natur bieten kann, ist gerade aus wirtschaftlicher Sicht von enormer Wichtigkeit. Egal ob am Meer oder in den Bergen, an einem See oder im Wald, hier kön-

nen wir unsere Seele baumeln lassen. Kraft schöpfen für den nächsten Arbeitstag.
Selbst wer ohne Arbeit ist, sollte sich eine Auszeit gönnen und in der Natur entspannen, um einmal den Bewerbungsstress hinter sich zu lassen. Danach kann es wieder weitergehen. Am Rechner sitzen, nach Stellen suchen, zu Bewerbungsgesprächen fahren und so weiter. Oft haben wir in unserer auf Aktivität und Hektik getrimmten Zeit es verlernt, zum Ausgleich Ruhe zu suchen. Einen Platz zu finden, an dem uns keiner stört. Also müssen wir üben, um den Wert wieder zu entdecken, den die Ruhe hat. Gerade in gehobenen Positionen ist es wichtig, immer online zu sein und das Handy griffbereit zu haben. Hier eine Balance zwischen Arbeit und Ruhe zu finden ist schwer, aber notwendig.
Nein, Werte gibt es auch heute noch. Ohne sie ist das Leben in der Gemeinschaft nicht möglich. Einige verschwinden, aber nicht alle. Gerade in der Arbeitswelt wird vermehrt Wert auf Werte gelegt. Das muss die Jugend wissen, um im eigenen Interesse sich eben diese anzueignen. Zeigt sie den Willen dazu, ist schon die Hälfte gewonnen.

Behindertes Leben

Um natürlich gleich wieder bei der Wirtschaft anzufangen: Leute mit Behinderung haben es schwer auf dem Arbeitsmarkt Fuß zu fassen. Obwohl Arbeitgeber Lohnzuschüsse bekommen und das für Behinderte zuständige Integrationsamt ebenfalls hilft, damit Menschen mit Behinderung einer Erwerbsarbeit nachgehen, sind sie öfter arbeitslos als Menschen ohne Handicap. Bei Bedarf richtet das Integrationsamt sogar Arbeitsplätze für Behinderte ein. Dadurch können alle nur gewinnen.

Viele Unternehmen schrecken vor der Einstellung Behinderter oft zurück, weil sie Angst haben, sie nicht mehr loszuwerden, wenn sie es wollen oder müssen. Diese Sorge ist oft unbegründet. So ist in der Probezeit jeder schnell kündbar. Danach genießen sie allerdings einen erhöhten Kündigungsschutz. Dazu erhalten sie bis zu fünf Tage mehr Urlaub.

Würde dieser uralte Zopf endlich abgeschnitten, hätten auch mehr Behinderte eine Arbeit. Zudem muss es möglich werden, dass sie mit ihrem Arbeitgeber vereinbaren können, auf den 5-tägigen Mehrurlaub zu verzichten, um dafür den Job zu sichern. Leider ist das nicht erlaubt. Eine unnötige Barriere, die endlich zu beseitigen ist. Eben weil dieser Personenkreis eine Erwerbsarbeit oft mehr als andere zu schätzen weiß, ist es wichtig, sie zu fördern. Richtig eingesetzt sind Behinderte ebenso leistungsfähig, wie es auch andere ohne Einschränkung sind.

Aufgrund stetiger Arbeitsverdichtung werden manche Menschen so krank, dass sie eine psychische Behinderung erleiden und mehr oder weniger dauerhaft arbeitsunfähig werden. Ein Problem, das hauptsächlich wegen der enormen Kosten nicht mehr tabu ist und dadurch zum Handeln zwingt. Wieder einmal sind es weniger die sozialen Belange, die hier Entscheidendes verändern könnten, sondern es ist das „liebe" Geld.

Natürlich gibt es auch Bemühungen, so z.B. im Sport, Behinderte mehr zu integrieren. Früher gab es keine Fernsehübertragungen von entsprechenden Veranstaltungen, heute gibt es sie durchaus. Inzwischen gibt es Selbsthilfegruppen jeder Art, an die sich Interessierte wenden können. Das Internet macht es vielen von ihnen leicht, Kontakte zu knüpfen.

Speziell für Rollstuhlfahrer gibt es noch viele Hürden, nicht nur was zu hohe Bordsteine und ihre Kanten betrifft. In Bremen haben Schüler, die nicht behindert waren, einen Versuch mitten in der Stadt gemacht. Beliebte Kneipen wurden aufgesucht, um zu sehen, wie es mit einem Besuch bei ihnen aussieht. Oftmals war es ihnen nicht

möglich, ohne fremde Hilfe hineinzukommen, weil es keine Behinderteneingänge gab.
Hier muss umgedacht werden und nicht nur das. Geld muss in die Hand genommen werden, sehr viel Geld. Für Umbaumaßnahmen. Ob es zusammenkommen wird, bleibt abzuwarten. Wie bereits an anderer Stelle erwähnt, haben die Städte keine finanziellen Mittel, damit die Missstände behoben werden können.
Nicht nur was den Kneipen- oder Restaurantbesuch angeht, haben Behinderte fast überall im Land Probleme, auch Theater, Kinos und Konzertsäle sind für „Rollis" schwer zugänglich. Selbst bei entsprechenden Neubauten ist das ähnlich.
Andererseits macht die Technik vieles möglich, was vor wenigen Jahren noch undenkbar schien. Vielleicht können sogar Blinde in naher Zukunft selbst Auto fahren. Die Hilfe kommt von einem PC, der ihnen akustisch sagt, was gerade zu beachten und zu tun ist.
Für Hörgeschädigte gibt es immer mehr Möglichkeiten, wieder hören zu können. Die Qualität der Geräte wird immer besser. Ob es für Querschnittgelähmte Hoffnung gibt, bald wieder laufen zu können? Vielleicht findet die Wissenschaft Möglichkeiten, ihnen effektiv zu helfen.
Was im Ausland längst gang und gäbe ist, steckt bei uns noch in den Kinderschuhen. Behinderte Schüler lernen mit Schülern ohne Handicap. Was dazu noch vermittelt wird, ist, dass kein Mensch etwas dafür getan hat, ohne Behinderung auf die Welt gekommen zu sein. Das prägt nicht allein fürs Leben, es lehrt auch denen gegenüber nicht diskriminierend aufzutreten, die weniger Glück hatten.
Seit mehreren Jahrzehnten werden geistig Behinderte so weit wie es geht in entsprechenden Behindertenwerkstätten gefördert. In diesen Einrichtungen bekommen sie Aufträge aus ganz normalen Betrieben aus der jeweiligen Umgebung und können sich im Rahmen ihrer Möglichkeiten nützlich machen.
Das Geld, was verdient wird, ist nicht sehr viel, wesentlicher aber ist, dass die Beeinträchtigten eine Aufgabe haben und sich wohlfühlen.

Vollkommen falsch wäre es, wenn bei geistig Behinderten sowie Behinderten ab 60% wirtschaftliche Maßstäbe angelegt würden. Sie sind mit „normalen" Menschen nicht zu vergleichen.
Was aber ist „normal"? Messbar ist Normalität nur dann, wenn ein bestimmter Durchschnittswert ermittelt wird, an dem dann jeder und jede verglichen werden kann. Wir Menschen stecken sehr gern unseresgleichen in Schubladen hinein, um so Vergleiche möglich zu machen.
Behindert wird auch heute noch fälschlicherweise mit „krank" verwechselt. Ein von Natur aus zu kurz gewachsenes Bein kann jedoch nicht einfach wieder gesund werden, es bleibt so und der entsprechende Mensch ist trotzdem gesund.
Die meisten Behinderten wollen kein Mitleid, sie wollen mehr Partizipation. Zu Recht fordern sie Selbstbestimmung und Emanzipation. Ihnen ist es wichtig, so weit wie möglich auf den eigenen Beinen zu stehen.

Gleichberechtigt

Frauen werden wie gesehen nicht nur schlechter bezahlt als die Männer, von wirklicher Gleichberechtigung sind wir noch sehr weit entfernt. Wäre sie erreicht, bräuchte es weder eine Quote noch eine Frauenbeauftragte.
In der Werbung ist noch deutlich das alte Rollenbild erkennbar. Männer präsentieren das Waschmittel und Frauen packen dreckige Wäsche in die Waschmaschine und loben das Waschpulver über den grünen Klee.
Das Privatfernsehen hinkt bei Autosendungen und Moderation dem öffentlich-rechtlichen hinterher. Dort gibt es immerhin schon Frauen, die entsprechende Sendungen moderieren. Was war das für eine Sen-

sation, als eine Frau zum ersten Mal durch eine Sportsendung führte. Allein das zeigt, wie verkrampft Gleichberechtigung gesehen wird.
Die Nachrichtensendungen bringen es an den Tag: Zwar ist es mit den Jahrzehnten normal geworden, dass auch dort Sprecherinnen Einzug gehalten haben. Aber in Filmbeiträgen sehen wir fast nur Männer, als Regierungschefs, Wirtschaftsboss oder Präsident. Es ist immer dasselbe.
In puncto Kindergartenplätze steht Deutschland im Vergleich zu anderen Industriestaaten auch deshalb auf den hinteren Plätzen, weil das Rollenverständnis sich nur sehr langsam wandelt. Wenn sich Nachwuchs ankündigt, nehmen die wenigsten Väter ihr Recht in Anspruch, für längere Zeit zuhause zu bleiben und Windeln zu wechseln, statt Geld zu verdienen. Nichtsdestotrotz ist es immer noch so, dass folgende Regel gilt, nämlich dass in erster Linie der Mann erwerbstätig ist.
Wie schwer wir uns mit der Vereinbarkeit von Familie und Beruf tun, wird an den bereits erwähnten 150 Euro staatlicher Stütze zur heimischen Kindererziehung deutlich. Sie wird auch bezahlt werden, wenn Vati daheim bleibt. In den meisten Fällen wird es wohl Mutti sein. Die Bezeichnung „Herdprämie“ mag böse klingen, trifft aber genau den Punkt.
Selbst bei Frauenzeitschriften kann es passieren, dass auch dort ein Mann das letzte Wort hat. Stelle sich das mal jemand anders herum vor. Bis jetzt gibt es noch keine Männerzeitschrift, wo eine Frau die oberste Chefin ist. Vielleicht ändert sich das in ferner Zeit, genauso wie bei den DAX-Unternehmen. Nur 3 % werden von Frauen geleitet.
Zuweilen ist es im Privatfernsehen noch zu sehen: Männer die es vorziehen, sich mit häuslichen Pflichten zurückzuhalten. Sauber machen und so, das sei „Frauenarbeit.“ Das Schlimme daran ist, es sind fast nur junge Kerle, die so reden. Sie sind es auch, die es weniger dramatisch finden, fremd zu gehen. Die Sache ist natürlich ganz

anders, wenn es die Lebenspartnerin ihnen gleich tut. Dann gibt es Ärger.

Überhaupt besteht immer noch eine gewisse Doppelmoral, was das Wechseln von Sexualpartnern angeht. Hatten Männer viele Frauen nimmt kaum jemand Anstoß daran, schlimmstenfalls gilt er nun als „Weiberheld." Eine Frau kann immer noch sehr schnell von Menschen beiderlei Geschlechts als „Hure" bezeichnet werden, falls sie viele Männer hatte. Eine enorme Schieflage. Wenn zwei das Gleiche tun, ist das noch lange nicht dasselbe.

Hat überhaupt Sexualität eine gleichberechtigte Stellung in der Gesellschaft? Sind wir nach der sexuellen Revolution wirklich freier geworden? Über Sex wird viel geredet und obwohl es doch jeder weiß, dass ohne „dieses" niemand von uns da wäre, ist der Umgang damit dennoch nicht unverkrampft.

Religiös geprägte Körperfeindlichkeit existiert seit mehr als 2000 Jahren. Das prägt, egal wie stark die religiöse Prägung im Elternhaus war. Auch Atheisten waren und sind nicht gänzlich frei von Zwängen, die einen total unbeschwerten Umgang mit der Sexualität erlauben.

Obwohl inzwischen bekannt ist, dass nicht nur Moore und Sümpfe als „Feuchtgebiete" gelten, kann gesagt werden, dass wir nur zum Teil in Sachen Sex freier geworden sind.

Immerhin hat man sich auch ein bisschen bewegt. Wenn geheiratet wird, ist es glücklicherweise nicht mehr einzig und allein möglich, den Nachnamen des Gatten anzunehmen. Endlich darf es auch der Nachname der Gattin oder ein Doppelname sein.

Gleichgeschlechtliche Partnerschaften sind auf dem Weg zu einer gleichberechtigten Behandlung ebenfalls weitergekommen. Auch wenn eine standesamtliche Trauung noch fern ist, eine nunmehr staatliche Anerkennung als Lebensgemeinschaft ist inzwischen möglich. Trotzdem ist die staatliche Anerkennung gleichgeschlechtlicher Ehen überfällig. Kirchliche Trauungen müssen für diejenigen, die es wünschen, ermöglicht werden. Will dieser Staat wirklich so freiheit-

lich sein, wie er es vorgibt, darf das nicht ewig lange blockiert werden.
Noch ein Wort zum Frauenfußball. Sie holten bei der letzten WM die Meisterschaft. Im Radio gab es kurze Berichte und in den Zeitungen standen kurze Artikel darüber. Damenfußball gibt es inzwischen im Fernsehen. Doch bis er dem Männerfußball gleichgestellt ist, geht noch viel Zeit ins Land.

Nachwort

Nach fast zwei Jahren, im Dezember 2009, ist das fertig, was im Januar 2008 begann. Sicherlich wäre es schneller gegangen, wenn dieses Projekt nicht monatelang auf Eis gelegen hätte. Aber das ist heute gleichgültig. Wichtig ist das Ergebnis.
Es kann sich sehen lassen. Nachdem der 20. Jahrestag des Falls der Berliner Mauer sowie des Stacheldrahts ausgiebig gefeiert wurde, wird es im Juli 2010 wohl ähnlich aussehen mit der Feierei „20 Jahre D-Mark“. Schließlich ist es immer schön, wenn Grenzen fallen und es Menschen ermöglicht, sich zu begegnen.
Zuerst hieß dieses Projekt „Deutsch-deutsche Begegnungen“ und erst im Laufe des Schreibens wurde der Titel geändert. Denn es ging um mehr als um Deutsches aus Ost und West. Gesamtdeutsches kam hinzu.
Geplant war ein heiteres Buch. Dort, wo es möglich war, konnte das mit einem Schuss Ironie auch verwirklicht werden. Das hat zu selten geklappt. Schade eigentlich. Nichtsdestotrotz ist es hoffentlich gelungen, die Probleme sachlich, aber nicht kühl zu betrachten und darüber zu schreiben.
Freiheitliches Denken wird hierzulande gleichgesetzt mit einem sozialen Kahlschlag. Werden sinkende Löhne gefordert, heißt es fast immer, auf der Arbeitgeberseite zu stehen und diesen am liebsten in

bestimmte Körperöffnungen kriechen zu wollen. Aber das ist Unsinn.
Es geht um Perspektiven gerade für die Menschen, die als ganz normale Arbeitskräfte auf dem Markt sind bzw. dort wieder oder zuerst einmal hin wollen. Hauptsächlich betrifft es ökonomisch am untersten Rand stehende Arbeitskräfte. Ebenso dürfte klar sein, dass es heute erst recht ums Erwachsensein geht, was ohne mündig zu sein gar nicht geht. Hier aber hapert es, wie beschrieben, ohne Ende und das darf eben nicht so bleiben.
Heutzutage kann es jeden treffen, trotz bester Ausbildung und jahrelanger Berufserfahrung „bis ganz unten durchgereicht" zu werden. Keine Frage, dass es hauptsächlich für den Betroffenen ein Trauma mit sich bringen kann. Solche Erfahrungen wurden im Großen und Ganzen vor wenigen Jahrzehnten kaum gemacht und wir müssen uns erst an die neue Wirklichkeit gewöhnen. Logisch, das fällt sehr schwer.
Wir waren das nicht gewöhnt. Klar, Obdachlose hat es selbst in besten Zeiten gegeben. Aber so etwas? Eine solide Ausbildung war ein Garant für den Aufstieg, für Wohlstand. Sorgloses Leben in der soliden Mittel- oder gar Oberschicht.
Das ist heute Geschichte und wird es auch bleiben müssen. Weil es weltweit nicht anders ist. Wir werden uns ebenso daran zu gewöhnen haben, uns selbst zu fragen, wo unser Anteil ist, wenn wir tief oder gar sehr tief fallen. Auf der anderen Seite darf nicht vergessen werden, dass es selbst dann noch viel Hilfe zur Selbsthilfe gibt, um wieder hoch zu kommen. Sie anzunehmen oder nicht, obliegt jedem selbst.
Jetzt am Ende fällt noch manches ein, was noch aufgeschrieben gehört. Behördenwillkür wäre so ein Thema. Viele, die sich mit ehrlichen Mitteln bemühen, sich weiterbilden wollen und in den Amtsstuben scheitern, auch schuldlos. Sie sollen bis 67 oder gar länger arbeiten und bekommen mit 35 oder 40 keine Möglichkeit, wieder

auf dem Arbeitsmarkt Fuß zu fassen, aus welchen Gründen auch immer.
Wer weiß schon, dass Vermittlungsgutscheine, die es Erwerbslosen bzw. von Arbeitslosigkeit bedrohten Menschen ermöglichen, recht früh Kontakt zu privaten Arbeitsvermittlern aufzunehmen, einem erst 8 (in Worten: acht!) Wochen nach Eintritt der Arbeitslosigkeit zustehen? Die Politik beschließt und schafft Realitäten, ohne die Realität vor Ort zu kennen oder überhaupt wahrzunehmen. Wie soll dann die Arbeitslosigkeit sinken?
Leider gab es im Dezember 2009 einen erheblichen Rückzieher vom Bundesverfassungsgericht (BVerfG). Anstatt endlich die Anzahl von verkaufsoffenen Sonntagen zu erhöhen, wurden sie zum Ärger vieler Kunden und Kundinnen wieder eingeschränkt. Das BVerfG errang einen „Sieg“, der letztlich keiner ist.
Die Lage ist ernst, aber nicht hoffnungslos. Es liegt auch mit an uns, ob wir im Chaos enden oder die vielen „Baustellen“, die in diesem Buch beschrieben wurden, endlich konstruktiv angehen. Wollen wir oder lassen wir es bleiben? Entscheiden wir uns für das Bleibenlassen, werden wir die Konsequenzen dafür tragen, ob wir wollen oder nicht.
Der Rahmen, um endlich zu handeln, ist sehr begrenzt. Vielleicht gelingt es, diesen zu erweitern. Schon einmal stand ein Volk auf, um Blockade und Erstarrung zu durchbrechen. Das ist heute nötiger denn je. Denken wir positiv, denn es ist längst nicht mehr die Frage, ob lediglich die soziale Grundsicherung möglich ist, sondern wann es soweit ist. In den meisten Ländern unserer Erde ist selbst diese Frage utopisch!

Danksagung

Als Erstes möchte ich meiner Frau Martina danken, die mich am Rechner unterstützt hat. Ohne sie wäre vieles schwieriger zu realisieren gewesen! Vielen Tausend Dank dafür!
Mein zweiter Dank geht an den Schwager von Katlen, der sich als Technikfreak die Mühe machte, ein Schreibprogramm auf dem alten Klapprechner zu installieren. Auch das hat die Arbeit in vielerlei Hinsicht erleichtert.
Natürlich möchte ich es nicht versäumen, mich unbekannterweise bei all den vielen Experten zu bedanken, die sehr gute Bücher über die wirtschaftliche und soziale Lage in Deutschland heute und in Zukunft verfasst haben. Es war äußerst spannend, all die Bücher zu lesen.

Kurzinformation zum Autor:

Mein Name ist Christoph Elfeldt, geboren 1960 in Bremen. In Berlin habe ich eine Ausbildung im textilen Gewerbe erfolgreich abgeschlossen. Derzeit arbeite ich im Sicherheitsgewerbe, im sogenannten Niedriglohnbereich in Berlin und werde m.E. sehr gut bezahlt. Ich lebe mit meiner Frau in Blankenfelde bei Berlin im schönen Brandenburg.
Mich interessieren soziale und wirtschaftliche Entwicklungen sehr, auch wenn ich nur ein Laie bin. Diesbezüglich habe ich viel von Experten wie Hans-Werner Sinn (Ifo-Institut München), Hans-Olaf Henkel, der Journalistin Ulrike Fokken, Albrecht Müller u.a. gelesen, habe mir dadurch meine Meinung gebildet und habe noch lange nicht aufgehört, mich über besagte Themen weiter zu informieren.